知的障害児・者のスポーツ

丹野 哲也【監修】
全国特別支援学校知的障害教育校長会【編】

まえがき

　全国特別支援学校知的障害教育校長会では，毎年全国の各学校で実践している先進的な事例をまとめ広く普及するため出版活動を重視している。昨年度は，『知的障害特別支援学校の「家庭」指導』及び『インクルーシブ教育システム時代のことばの指導』を発行し好評を得ている。リオデジャネイロ・オリンピック・パラリンピックが開催された今年度は，知的障害児・者のスポーツに焦点を当てた出版を計画した。知的障害特別支援学校では様々な体育の実践が行われているが，単に実践事例を紹介するだけでなく，スポーツを通じて生涯を通じた活動につなげる実践や全国大会・世界大会を目指す実践などをまとめることにした。

　障害の有無に関わらず，体力は人間の活動の根源であり，生きる力を支える重要な要素である。学校を卒業して地域で豊かに過ごすためにも，健やかな心身の育成を図ることは極めて大切である。そのため，特別支援学校で学んでいる児童生徒が，生涯にわたって運動やスポーツなどに親しむなど，スポーツを通じた余暇活動の充実を図ることが必要である。それには，児童生徒の個々の特性や状況等を十分に踏まえながら，自ら進んで運動に親しむ資質・能力や親しもうとする意欲や関心を育てていくことが求められている。今後，東京2020オリンピック・パラリンピック競技大会に向け，さらに，障害者スポーツの啓発及び振興に向けた全国の取組にも期待している。

　今回，上記の様な視点から，全国の特別支援学校に投稿を呼び掛けたところ，多くの実践事例が寄せられた。具体的な実践事例を多く掲載したいとの思いから小学部から高等部，そして卒業後の地域での実践など42事例を取り上げることとした。推薦していただいた全国の校長先生に感謝申し上げたい。是非，紹介された実践事例を生かし，生涯にわたるスポーツの楽しさを広めるとともに，全国大会やパラリンピック等を目指した選手の育成・発掘，そして，障害に応じたスポーツの開発等に役立てていただきたい。また，最後に障害児・者スポーツに関連する競技大会の資料をまとめたので参考にしていただけると幸いである。

　本書では，文部科学省初等中等教育局特別支援教育課特別支援教育調査官丹野哲也先生に監修と特別支援学校（知的障害）における体育等の考え方の執筆をお願いした。お忙しいところ，監修，執筆に御尽力いただき心から感謝申し上げたい。本書が，今後の知的障害特別支援学校や地域での障害者スポーツ振興に役立ち，障害者が自主的かつ積極的にスポーツを行うことができる授業づくり，地域活動への参考になることを期待している。

　　　平成28年9月

　　　　　　　　　　　　　　　全国特別支援学校知的障害教育校長会長　　村野　一臣

目　　次

まえがき

I　特別支援学校（知的障害）におけるスポーツや体育等の考え方

 1　スポーツを振興していくことについて ……………………………… 008
 2　特別支援学校学習指導要領から ……………………………………… 008
 3　「平成27年度全国体力・運動能力，運動調査等報告」から ……… 014
 4　個別の教育支援計画で余暇活動へつなぐ …………………………… 014

II　実践事例

小・中学部の実践

知的障がいのある児童生徒の体力向上をめざして
 〜キャリア発達の視点に基づく，体つくり運動の系統的プログラムの作成と活用〜 …… 018

知的障害児における身体からのアプローチ
 〜子どもの「できない」を「できる」にかえる「体幹づくり・動きづくり」の指導〜 … 020

体育「ぴょんぴょんぐいぐい　みんなでうんどう」 ……………………… 022

ラジオ体操を通して　肘を伸ばしきろう　腕を上げきろう ……………… 024

みんなで楽しく，デカパン競走!!　〜運動機能の向上と社会性を育むために〜 ……… 026

ダンスで心も体もWAKE UP!!　〜自ら楽しんで取り組む体つくり運動〜 ………… 028

「リズム遊び（表現運動）」における一つ一つの動物の動きの紹介 ……… 030

自立活動「なかよしタイム」における表現運動の指導実践
 〜集団活動での体操やダンスの指導を通して〜 ………………………… 032

自分から楽しく運動に取り組める「サーキット」の実践
 〜多様な動きを取り入れた体つくり運動〜 ……………………………… 034

中学部運動会演技　生徒と大学生がつくる「エイサー」
 〜美作大学沖縄県人会とのコラボレーション〜 ………………………… 036

高等部の実践

保健体育の授業における持久力向上への取組
　〜「毎日続ける！」10分間の有酸素トレーニング〜 ……………………… 038

自己理解につなげる体力づくり〜運動を通してのセルフマネジメント〜 …………… 040

エアロビクスによる体力つくり ……………………………………………… 044

自立活動における体力つくり〜将来を見据えた運動の取組〜……………… 046

体育の授業におけるICTを活用した主体的な健康管理に関する取組
　〜タブレット端末を活用した「マイエクササイズ」での実践〜 ………………… 050

陸上運動「障害走」における動きづくりの取組 ……………………………… 054

放課後自主活動としての陸上部
　〜全国大会出場，そして楽しく，長く活動することを目指して〜 ……………… 056

陸上同好会（健康保持増進コース）の活動
　〜一人一人が楽しむスポーツを目指して〜 ………………………………… 058

生涯スポーツに向けた市内マラソン大会参加への取組……………………… 060

小諸市駅伝大会（1人3kmを6人で走る）
　〜「歩いてもいいから，たすきをつなごう！」を合い言葉に〜 ………………… 062

第23回青森県障害者スポーツ大会に向けた取組について ………………… 064

リレー競技における技術力と精神力の向上を目指した指導と支援
　〜北海道障害者スポーツ大会（4×100mリレー）に向けた取組を通して〜 …… 066

リオデジャネイロパラリンピックに向けての取組〜陸上競技〜 …………… 068

野球を通じた人間的な成長………………………………………………… 072

全国障害者スポーツ大会を目指して
　〜バスケットボールを通じて育む「生きがい」〜 …………………………… 074

バレーボールの実戦により近いトレーニング
　〜1枚の汗拭きタオルからつかんだ感覚〜 ………………………………… 078

ラウンドゴルフ〜ユニホックのスティックを活用して〜 …………………… 080

高等部の実践

- 創作ダンス〜コミュニケーション能力・表現力を豊かにするために〜 …………… 082
- 生徒とともに創るマスゲーム「京炎そでふれ…踊っ子祭り！」 …………… 084
- 高校生と共に学び合い，成長し合う，剣道の授業 …………… 086
- 剣　　道〜武道を通して身に付けたい力の育成〜 …………… 088
- 剣　　道〜新聞やスリッパを活用しての指導〜 …………… 090
- 障害者空手道，高体連への挑戦〜障害特性に応じた手立てによる可能性について〜 … 092
- スポーツチャンバラ競技における技術力と精神力の向上を目指した指導と支援
  〜経験者ではなくとも，顧問としてできることをする〜 …………… 094
- 陸上競技〜「やる気スイッチ」を入れるための工夫と練習環境〜 …………… 098

卒業後・地域の実践

- スペシャルオリンピックス公式競技「フロアホッケー」の実践
  〜安全面と競技能力に配慮した支援方法と，共生を目的としたスポーツの普及 ………… 102
- 地域の障害者とボランティアを巻き込んだスペシャルオリンピックス陸上競技
  〜卒業生も参加できるスポーツ組織の活動〜 …………… 106
- 知的障がい者サッカー〜卒業後の居場所づくり〜 …………… 110
- 日本一を目指して〜卒業生を中心としたバスケットボールの活動を通して〜 ………… 114
- 知的障害者のバレーボールクラブ設立から維持管理について
  〜埼玉ユニオンズの取組〜 …………… 118
- 家族で支える生涯スポーツ　余暇活動「空手」の取組を通して …………… 122
- 秋田県特別支援学校体育連盟の設立と活動内容，今後の展望 …………… 124

Ⅲ 各スポーツ競技大会資料〜障害児・者スポーツ関連競技会〜

1　オリンピック憲章 …………………………………………………… 130
2　パラリンピック……………………………………………………… 130
3　スペシャルオリンピックス ………………………………………… 135
4　全国障害者スポーツ大会 …………………………………………… 138

I
特別支援学校(知的障害)における スポーツや体育等の考え方

1　スポーツを振興していくことについて

　我が国のスポーツの推進のための基本的な法律として，議員立法によりスポーツ基本法が成立し，平成23年6月公布，同年8月施行された。

　スポーツ基本法は，昭和36年に制定されたスポーツ振興法を50年ぶりに全面改正し，スポーツに関し，基本理念を定め，国及び地方公共団体の責務やスポーツ団体の努力等を明らかにし，スポーツに関する施策の基本となる事項を定めたものである。

　スポーツ基本法の前文において，スポーツは，「心身の健全な発達，健康及び体力の保持増進，精神的な充足感の獲得，自律心その他の精神の涵養等」を目的に，「個人又は集団で行われる運動競技その他の身体活動であり」とされ，「今日，国民が生涯にわたり心身ともに健康で文化的な生活を営む上で不可欠のもの」とされている。

　その上で，「スポーツを通じて幸福で豊かな生活を営むこと」は，すべての人々の権利（スポーツ権）であること，そして，「自発性の下に，各々の関心，適性等に応じて」，日常的にスポーツを親しんだり，楽しんだりすることなどの機会が確保されなければならないとしている。

　さらに，基本理念が示してある同法第2条5項において「スポーツは，障害者が自主的かつ積極的にスポーツを行うことができるよう，障害の種類及び程度に応じ必要な配慮をしつつ推進されなければならない。」とされている。

　特別支援学校で学ぶ子供たちが，主体的にスポーツに取り組んだりすることができるように，個々の障害の程度や状態等に応じて，必要な配慮がなされながらスポーツが推進されていくことが求められているといえよう。

　それでは，特別支援学校では，スポーツや体育等についてどのように学習指導要領に規定されているのか述べる。

2　特別支援学校学習指導要領から

　平成21年3月に告示された特別支援学校幼稚部教育要領，小学部・中学部学習指導要領及び高等部学習指導要領（以下，「特別支援学校学習指導要領等」という。）では，教育基本法の改正により，明確になった教育の目的や目標を踏まえ，幼児児童生徒の「生きる力」の育成をより一層重視する観点から改正が行われている。

　「生きる力」とは，平成8年7月の中央教育審議会答申（「21世紀を展望した我が国の在り方について」）において提言されているものである。すなわち，変化の激しい社会を担う子供たちに必要な力は，基礎・基本を確実に身に付け，いかに社会が変化しようと，自ら課題を見つけ，自ら学び，自ら考え，主体的に判断し，行動し，よりよく問題を解決する資質や能力，自らを律しつつ，他人とともに協調し，他人を思いやる心や感動する豊かな人間性，たくましく生きるための健康や体力などである。

Ⅰ　特別支援学校（知的障害）におけるスポーツや体育等の考え方

体力は，人間活動の源であり，生きる力を支える重要な要素である。学校を卒業して社会を担う子供たちに，健やかな心身の育成を図ることは極めて重要なことである。

特別支援学校学習指導要領等では，「生きる力」を支える確かな学力，豊かな心，健やかな体の調和のとれた育成を重視している。総則「教育課程の編成」における「一般方針」では，各学校において，幼児児童生徒の「生きる力」をはぐくむことを目指し，発達の段階を考慮しつつ，「知・徳・体」の調和のとれた育成を重視することが示されている。

特に体育に関わる点では，生涯にわたって運動やスポーツを豊かに実践していくことと体力の向上に関する指導の充実を図るとともに，心身の健康の保持増進に関する指導に加え，学校における食育の推進や安全に関する指導を総則に新たに規定するなどの改善が行われている。

特別支援学校で学ぶ幼児児童生徒が，生涯にわたって運動やスポーツを豊かに実践していくことができるように，個々の子供たちの状況を十分に踏まえながら，体力を伸長したり，幼児児童生徒が自ら進んで運動に親しむ資質・能力や親しもうとする意欲や関心を育てたりすることが求められている。

次に特別支援学校学習指導要領等の体育，保健体育等について，各学部段階等の特徴について述べる。

① 幼稚部段階

幼稚部段階で大切に育てていきたい力として，自分の身近な人やものに対して興味をもって関わろうとする力や自分から活動しようとする力を育てていくことがある。

そのため，幼児の活動内容や環境の設定を工夫することや幼児が取り組もうとする意欲を高めることができるようにすることが大切な視点である。

特に，いろいろな遊びを通して，人やものとの関わり方を身に付けたり，身体活動を活発に行うことができるようにしたりすることなど，幼児が自ら主体的に活動を展開できるようにしていくことが基盤となることを踏まえた，関わり方を大切にしていきたい。

② 小学部段階

小学部段階では，幼稚部等の就学前段階で培われてきた力を基盤として，児童の興味や関心に応じた遊びや楽しいゲームを取り入れるなど，児童の日常生活に必要となる基本となる運動を，身体活動に結び付けて指導していくことが大切である。

小学部の体育科の目標は次のとおりである。

【目標】適切な運動の経験を通して，健康の保持増進と体力の向上を図り，楽しく明るい生活を営む態度を育てる。

目標に示されている「適切な運動の経験」とは、「歩く」、「走る」、「跳ぶ」などのことである。

児童は、興味・関心や、それぞれの生活経験に即した運動や遊びを繰り返すことによって運動の楽しさや喜びを味わうことができる。このような経験を通して、運動に親しみ、生活に必要な様々な技能を習得し、情緒も安定し全人的な発達を促すようにすることが大切である。小学部の段階では、児童が楽しく思い切り身体を動かすことが、体育の出発点となる。

そして、後段の「楽しく明るい生活を営む態度を育てる。」とは、生涯にわたって運動を豊かに実践するための資質・能力、健康で安全な生活を営む実践力及びたくましい心身を育てることによって、現在及び将来とも楽しく明るい生活を営むための基礎づくりを目指しているものであり、小学部体育の重要な視点である。

小学部段階では、生活科との目標・内容を関連させながら指導計画を作成していくことが大切になる。

例えば、生活科の「遊び」の観点では、いろいろな遊びの内容として、自分の好きな遊びをすること、教員とごっこ遊びをすること、道具を使って遊ぶこと、簡単なルールを守って遊ぶこと、簡単な遊具を作って遊ぶこと、簡単なゲームをすることなどが指導内容として挙げられている。

教員や友達と簡単なきまりのある遊びをすることが大切となるが、例えば、教員や友達と行う鬼ごっこなどは、児童が身体活動を楽しく発揮できる簡単なルールのある遊びである。

このような活動は、スポーツの簡単なルールにもつながっていくため、教科間でのつながりを丁寧に把握していく必要がある。

③ 中学部段階

中学部の段階では、小学部で培われてきた力を基礎にして、確実な運動ができるよう指導を充実することにより、運動に対する興味・関心を広げ、筋力、持久力、調整力等の全身的な体力の充実を図ることが重要である。

中学部の保健体育科の目標は、次のとおりである。

> 【目標】適切な運動の経験や健康・安全についての理解を通して、健康の保持増進と体力の向上を図るとともに、明るく豊かな生活を営む態度を育てる。

「(適切な運動の経験)を通して」とは、生徒の特性と心身の発達にふさわしい各種の運動を行い、それらの運動を行う練習の順序や集団で運動するときのきまりを守り、仲間との望ましい交友関係などを通して社会の一員としての自覚をもつことを意味している。

中学部段階では，内容として，
(1) 体つくり運動，簡単なスポーツ，ダンスなどの運動をする。
(2) きまりや簡単なスポーツのルールなどを守り，友達と協力して安全に運動をする。
(3) 自分の発育・発達に関心をもったり，健康・安全に関する初歩的な事柄を理解したりする。

ことが示されており，中学部段階では，様々なスポーツが取り上げられている。この場合においても，生徒の実態等を踏まえ，スポーツ等の一般的なルールを，生徒の理解の程度やこれまでの経験等を十分に配慮し，ルールの数を少なくしたり，簡易なルールを設定したりすることなど工夫をすることが大切である。

④ 高等部段階

高等部の保健体育科では，中学部の発展段階として，運動領域を更に広げるとともに将来の余暇活動も視野に入れた適切な運動の経験や健康・安全についての理解を通して，心身の調和的発達を図り，明るく豊かな生活を営む態度と習慣を育てることを目標としていることが特徴である。保健体育科で取り扱う内容としては，体つくり運動，スポーツ，武道，ダンス及び保健である。

【目標】適切な運動の経験や健康・安全についての理解を通して，心身の調和的発達を図り，明るく豊かな生活を営む態度と習慣を育てる。

ここで，「（適切な運動の経験）を通して」とは，中学部の基本的な運動領域を発展させ，個々の生徒がスポーツ，武道，ダンス等の適切な運動経験を積み重ね，運動の仕方やルール等を学習し，仲間意識をもち，集団意識を自覚し，ルールを守り，自主的に活動に参加できるようにすることである。

後段の「明るく豊かな生活を営む態度と習慣を育てる」とは，様々の運動経験や健康・安全に関する知識・技能などを身に付けることによって，日々の生活が充実し，生活に張り合いをもち，余暇活動を充実することである。特に，高等部段階では，集団生活に積極的に参加するため，基本的な運動ばかりでなく，レクリエーション的なスポーツに関する指導も大切である。

なお，高等部段階では，個々の生徒の運動能力の差が著しくなるため，個人差に十分に配慮し，安全に注意して指導する必要がある。

⑤ 特別活動との関連

特別支援学校小学部，中学部及び高等部の特別活動の目標，各活動・学校行事の目標及び内容並びに指導計画の作成と内容の取扱いについては，それぞれ，小学校，中学校，高等学校学習指導要領に示すものに準ずることが示されている。

特に，中学校学習指導要領と高等学校学習指導要領には，「部活動の意義と留意点等」として次のことが示されている。

> (13) 生徒の自主的，自発的な参加により行われる部活動については，スポーツや文化及び科学等に親しませ，<u>学習意欲の向上や責任感，連帯感の涵養等に資するものであり，学校教育の一環として，教育課程との関連が図られるよう留意すること。</u>その際，地域や学校の実態に応じ，地域の人々の協力，社会教育施設や社会教育関係団体等の各種団体との連携などの運営上の工夫を行うようにすること。
>
> （下線部は筆者による）

部活動については，自らの適性や興味・関心等をより深く追求していく機会であるとともに，各教科等の目標及び内容との関係にも配慮しつつ，学校教育の一環として，教育課程との関連が図られるようにするとの留意点が示されている。また，各学校が部活動を実施するに当たっては，本項を踏まえ，生徒が参加しやすいように実施の形態などを工夫するとともに，休養日や活動時間を適切に設定するなど生徒のバランスのとれた生活や成長に配慮することが必要である。

このほか，特別支援学校においては，特別支援学校独自の項目が3点示されている。その一つに特別支援学校（知的障害）における配慮事項として，特別活動の内容を指導する場合においても，他教科等の内容の指導と同様に，一人一人の状態や経験等を考慮していくことが重要であることが示されている。このことに留意した計画的な指導が大切である。

COLUMN

当時教えていた中学部の生徒が自転車に一人で乗れるようになるまでの学習過程で印象深い出来事がある。当該生徒が中学部に入学して間もない頃の昼休みの時間のことである。学校の校庭には，一般的な2輪の自転車や補助輪の付いている自転車，ハンドル等が二つある二人乗り用自転車（いわゆるタンデム車），前輪が一つに後輪が2輪ある大人用3輪自転車（フレームと後輪につながる軸が固定されているスイング固定式と固定されていないスイング可動式）など，多種多様な自転車が用意してあった。それぞれの自転車には特徴があり，児童生徒の自転車に乗る技術や経験に合わせて，選ぶことができる。

タンデム車は，教員と児童生徒が一緒に乗ることができる。教員が前に乗り，児童生徒が後ろに乗れば，自転車のバランスをとることが難しい児童生徒の場合でも，自転車のペダルを回転させて，自転車で走る軽快感を堪能できる。

大人用3輪自転車は，後輪と車体のフレームが固定されているスイング固定式とフレームが動くスイング可動式の2タイプがある。スイング固定式の3輪自転車は，

バランスを意識しなくても，ペダルを回転させ，前に進むことができる。一方，スイング可動式は，バランスを意識しながら，ペダルを回転させることが必要となる。

　当該生徒は，二人乗り自転車が珍しく，昼休みに教員とともに自転車に乗ることを楽しみにしていた。教員が前に乗り，生徒が後ろに乗る。校庭の中で風を切る爽快感を味わうことができていたが，しばらくすると，自転車に一人で乗れるようになりたいとの気持ちが強くなってきた。とはいってもすぐに一人で自転車に乗ることができない。

　そこで，スイング固定式の3輪自転車を使って練習を始め，ペダルを滑らかに回転させることや，ハンドルの扱い方など，一人で走ることに必要な基本的な操作を楽しみながら身に付けていった。スイング固定式の自転車は，コーナーをスムーズに曲がれないことから，慣れてきた段階で，スイング可動式の自転車に乗るようにした。バランスをとる感覚を体得し，コーナーを回る際の爽快感が得られるようになった。

　しばらくそのような日が続いたところ，自分から2輪の自転車に乗りたいと伝えてきた。ペダルを回転させる感覚，バランスをとる感覚がそれまでの様々なタイプの自転車で，乗るための技術を意識しなくても，体得していたことから，すんなりと乗ることができた。

　当該生徒の自転車に乗りたい，乗れるようになりたいという強い気持ちが，時間をかけながら段階的に，その時点で最大限にもてる力を発揮できる様々なタイプの自転車を活用することで，自転車に一人で乗るために必要な技術や技能が習得され，身に付いた効果であったと考えられる。

　学校での昼休みの活動から発展し，日曜日などに，公園で自転車に乗ることが楽しめるようになるなど，余暇活動が広がったことへの嬉しさを保護者や同僚の先生とともに，喜びあった。

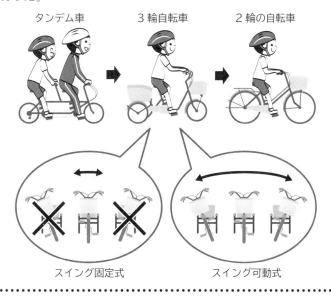

3 「平成27年度全国体力・運動能力，運動調査等調査報告 ⁱ」から

本調査分析結果では，「保健体育の授業は楽しいですか」という質問に対して，中学校男子では，「楽しい」と回答した生徒ほど，
  ・「ふだんの授業の始めに目標が示されている」
  ・「授業の最後に学んだことを振り返る活動を行っている」
  ・「友達と助け合ったり，話し合ったりするような活動を行っている」
と感じている割合が高く，学習している内容は将来に役立つと思っている割合も高いことが指摘されている。

このことは，特別支援学校における授業構成にも参考となることである。学習することの目的を明確にすること，そして，学習したことを振り返ることで，できるようになったことに気が付いたり，次の目標に気が付くことができるようになったりすることがある。そのため，児童生徒一人一人の理解の程度やコミュニケーション能力の状況に合わせた働きかけが極めて丁寧に計画的になされる必要がある。

さらに，本調査の分析では，「授業は楽しい」と回答した児童生徒は「できるようになった」きっかけとして「授業中に先生に個別にコツやポイントを教えてもらった」「友達に教えてもらった」と回答した割合が全国平均より高かったことが示されている。

このことについて，教員が児童生徒の課題を的確に把握し，体の動かし方や技能のポイントをイメージできるような言葉がけの工夫をしたり，効果的な練習方法のヒントを与えたり，友達同士で教え合い・学び合いを行ったりすることの大切さを示した結果であると考察されている。

特別支援学校で学ぶ子供たちは，例えば体操をする場面において，教員の模範となる動作を模倣して運動の仕方を身に付けていくことが難しい場合が多い。そのため，教員が個別に児童生徒の実態を踏まえて，児童生徒の後方から体の動かし方をガイドしてあげることなど段階的な指導や支援がなされている。このようなことは，特別支援学校教員の指導の専門性の一つであり，児童生徒からしてみると前述の「先生に個別にコツやポイントを教えてもらった」ことにつながるものであろう。

できなかったことができるようになることの喜び，また現在できる力を最大限に活用して，できることのバリエーションを増やしていく取組，このような観点が重要であり，児童生徒の余暇活動の豊かさにもつながるものである。

4 個別の教育支援計画で余暇活動へつなぐ

個別の教育支援計画は，子供たちの将来の青写真を描くものであり，教育関係者のみならず，家庭及び地域や医療，福祉，保健，労働等の様々な機関が協力し，長期的な視点で乳幼児期から学校卒業までを通じて適切な指導と支援を行うために作成されるものである。

Ⅰ　特別支援学校（知的障害）におけるスポーツや体育等の考え方

　個別の教育支援計画の書式では，長期的目標の下に，家庭生活，余暇・地域生活，医療・保健等の関係機関の支援内容が検討されて記載される場合がある。

　余暇活動の中に，例えば地域でのスポーツ等の取組などが記載されていくことも大切にしていきたい。

　高等部の授業の中で，個別の指導計画に基づく指導を通して跳べるようになった縄跳びが，家庭での余暇活動に発展する事例があった。個別の指導計画と連動させて，個別の教育支援計画の長期的な支援目標や支援内容が検討され，子供たちが，生涯にわたりスポーツを楽しむことができるようにしていくことが期待されている。

〈丹野　哲也〉

ⅰ　スポーツ庁「平成27年度全国体力・運動能力，運動習慣等調査報告書」　本調査は，国・公・私立学校の次の学年を原則として，全児童生徒を対象に実施されている。
　○小学校調査：第5学年，特別支援学校小学部第5学年
　○中学校調査：中学校第2学年，中等教育学校第2学年，特別支援学校中学部第2学年
　（ただし，特別支援学校及び小・中学校等の特別支援学級に在籍している児童生徒については，その障害の状態等を考慮して，参加の是非を適切に判断。）

〔参考文献等〕
・特別支援学校学習指導要領解説総則等編（幼稚部・小学部・中学部）
・特別支援学校学習指導要領解説総則等編（高等部）
・日本スポーツ法学会編『詳解スポーツ基本法』成文堂，2011年

II

実践事例

知的障がいのある児童生徒の体力向上をめざして
~キャリア発達の視点に基づく,体つくり運動の系統的プログラムの作成と活用~

1 取組の概要

熊本県立荒尾支援学校は,児童生徒のキャリア発達を最大限促す小・中・高の系統性の取れた教育実践に取り組んできた。体育・保健体育科における取組に当たっては,12か年間で身に付けたい力を「将来健康な生活を送るために,運動や身体を動かす活動を自分から行うことができる力(運動の日常化)」とし,小学部から高等部までつながりのある活動(接続性の重視)を段階的に示し,最適化を図っている。

小・中・高一般学級においては,教科別の指導「体育」「保健体育」を毎朝(小学部20分間,中学部40分間,高等部25分間)帯状に設定し,体力向上を目指して,体つくり運動を中心とした活動に取り組んでいる。本校の児童生徒は,運動の経験や能力及び興味・関心に幅があるため,一斉授業を基本にしながら,個に応じた支援・指導を行い,運動経験の広がりを目指している。

2 指導の実際

小学部から高等部まで様々な動きが経験できるよう,また,発達の段階及び児童生徒の実態に応じた運動を系統的に行えるよう,表1と表2を作成した。これらを基に,小学部では基本的な動きを,中学部・高等部では新体力テストの結果を基に基本的な動きから応用的な動きを組み合わせて指導内容や指導方法の工夫を行った。各学部の活動内容は,表3のとおりである。

3 考察

キャリア教育の視点で,小・中・高一貫した授業実践に取り組んできた。これらの研究

表1 体つくり運動の具体的な指導内容

	体ほぐし運動	多様な動きをつくる運動(遊び) 体力を高める運動	
1	体ほぐし運動を楽しむ	多様な動きをつくる運動遊び	いろいろな動きを楽しむ
2		多様な動きをつくる運動	いろいろな動きを高める
3	体ほぐし運動の行い方を知る	体力を高める運動	体力を高める運動に取り組む
4			運動の計画をする(自ら運動を行う)
5	組み合わせを構成する		ねらいに応じて,運動の計画を立てて取り組む(自分に合った運動を選んで行う)
6	実生活に生かす		体力や生活の違いに応じて,計画を立てて取り組む

II 実践事例

表2 体力を高める運動 活動内容一覧表

		バランス	移動	用具を操作	力試し
基本の動き		回る（立つ・お尻・背中・棒） 転がる（横・縦・後ろ） 座る・立つ（手をつなぐ・背中・両足一緒） 片足（ポーズ・跳ぶ） しゃがむ（押し合う・渡る）等	歩く（前・後ろ・横・右回り・左回り） 這う（腕歩き・犬歩き・はいはい・足首を持って・お尻） 走る・跳ぶ・跳ねる（膝を上げる・足を開く・スキップ・拍手・足打ち・足じゃんけん） のぼる・おりる 等	つかむ・持つ・降ろす・回す・転がす（ボールやフラフープ） くぐる・跳ぶ（縄跳び） 運ぶ（ボール・土嚢・かご） 投げる・とる（風船・新聞・ボール〔大・小〕・フラフープ・輪）等	人を押す・引く（すもう・綱引き・紐引き） 人を運ぶ・支える（手押し車・おんぶ）等
	※動きを組み合わせる					

	体力要素	筋力			(D) 全身持久力	(E) 敏捷性	(F) 調整力	(G) 柔軟性
		(A) 瞬発力	(B) パワー	(C) 持久力				
動きの応用	新体力テスト種目	立ち幅跳び 50m走	握力 ハンドボール投げ 立ち幅跳び	上体起こし	1500m 1000m シャトルラン	50m走 反復横とび	ハンドボール投げ	長座体前屈
	トレーニング種目	縄跳び ケンケン足 ビーチフラッグ ミニハードル バービージャンプ	おもりの巻き上げ 巻き下ろし 土嚢運び 鉄棒ぶら下がり 懸垂 腕立て伏せ	腹筋 スクワット 土嚢運び 鉄棒ぶら下がり 懸垂 腕立て伏せ	時間走 サーキット	ダッシュ サイドステップ ジグザグ走 マーカータッチ	ボールを使ったトレーニング キャッチボール 的当て ドリブルパス	柔軟体操 ストレッチング
					エアロビクス・ダンス			

表3 各学部の活動内容（H27）

	第1週	第2週	第3週	第4週	第5週
小学部	ランニング（3分）		ダンス（4分）		
	サーキットトレーニング（6分）		ゲーム（5分）		
	体ほぐし（4分）				
中学部	サーキットトレーニング	ダンス／ミニゲーム	サーキットトレーニング	15分間走	サーキットトレーニング
	月	火	水	木	金
高等部	サーキットトレーニング	サーキットトレーニング	10分間走	サーキットトレーニング	エアロビクス・ダンス

写真1 高等部サーキット・トレーニング
鉄棒ぶら下がり（H27高等部）

が継続的に行われ，それが実際の指導に役立てられているとして，熊本県学校体育優良校（H25，26）を受賞するなど，高い評価を得ることができた。

児童生徒は，様々な動きや運動の経験を積み重ねてきたことで，体力が向上するとともに，運動に親しむ態度が身に付いてきている（図1，2）。

図1 新体力テストの4月と2月の比較（H27高等部）
全種目 アップ52% 同じ10% ダウン38%

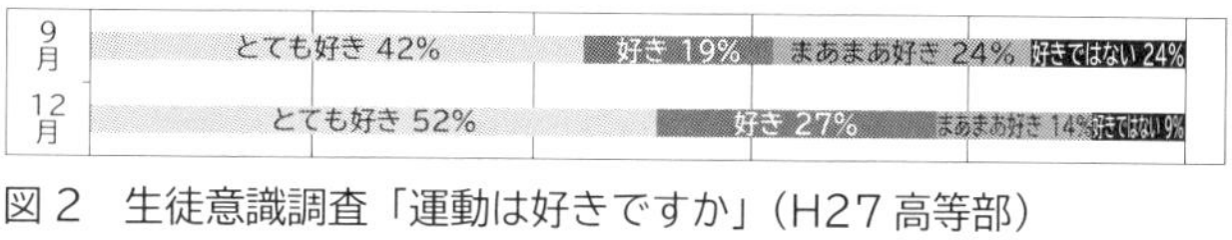

図2 生徒意識調査「運動は好きですか」（H27高等部）
9月 とても好き42% 好き19% まあまあ好き24% 好きではない24%
12月 とても好き52% 好き27% まあまあ好き14% 好きではない9%

特に高等部においては，余暇の一つとして継続的に運動に取り組む生徒が増えてきた。今後は，地域のスポーツイベントへの参加等，生涯にわたって運動に親しみ，体力の維持・向上ができるよう，卒業後につながる実践を展開していくことが課題である。

〈山下　香織〉

小学部の実践

知的障害児における身体からのアプローチ
～子どもの「できない」を「できる」にかえる「体幹づくり・動きづくり」の指導～

●1● 取組の概要

知的障害のある児童生徒は，手足を協調させて動かすことや微細な運動をすることに困難が見られることがあり，このことが日常生活や学習の中で困難さをつくることが多い。そのため，できないことが増えたり集団でみんなと合わせることができなかったりすることで，失敗を恐れ，新しいことにチャレンジしなくなったり，自己肯定感や自尊心が育ちにくくなったりする。

体育では，体力づくりに重点が置かれた内容が多く，動きづくりのための内容は少ない。動きづくりの指導を進めることで，身辺処理や作業における基本動作の習得や巧緻性，敏捷性の向上を図るとともに，目と手の協応した働き，姿勢や作業の持続性などについて自己調整できるようになると，困難さを改善できるのではないかと考える。

●静岡県立浜名特別支援学校での取組

学校経営計画の「12年間をつなぐ魅力ある教育課程の充実」を受けて，知的障害の教育課程において自立活動の時間を設置し，学部ごとに集約的なテーマを設け，各学部や学習グループで工夫して取り組んでいくこととした。

特別支援学校（知的障害）に通う児童の中には，学習上または生活上の困難さの要因として，身体の使い方のぎこちなさや生活動作における困難さを感じることが多い。あらゆる学習や生活において，主体的に取り組むためには，スムーズに動かせる身体や手足が必要であり，身体や手足を上手に動かすためには，まずは体幹が整っていることが重要であると考え，小学部の自立活動では「体幹づくり」を柱の一つとした。

また，体力づくりも大切であるが，ぎこちなさや動作の困難さの改善には「動きづくり」が効果的と思われる。「動きづくり」とは，意識して身体を動かしたり，前庭覚，固有覚，触角等の感覚を高めたりすることである。以上の2点を小学部の自立活動の柱として指導に取り組むこととした。

●2● 指導の実際（小学部の実践）

① 段ボールキャタピラー

段ボールを筒状につなげたものに入り，四つ這いで前進する。体幹の保持力，肩・腕の支持性，手足の協調運動等を高める。立位やいす座位の姿勢がよくなったり，手・腕の使い方がスムーズになったり，大腿部を交互にしっかり上げた歩き方，走り方ができるようになったりする。

② バランスボール

バランスボールの上に腰掛け，10回跳ねる。次に提示された絵と同じポーズを取り10秒静止する。跳ねたりボールの上で静止したりすることでバランス感覚や姿勢保持力を高める。また，静止をすることでボディイメージや固有覚を高めることにもなる。

③ ゴムの巣

縦，横，斜めに高さを変えて，ゴムを4本教室に張る。その中を音楽に合わせて歩き，ゴムをくぐったりまたいだりする。ゴムの高さと自分の身体と向き合い，どうやってゴムを通り抜けるのか考えることでボディイメージが高まる。伸縮性のあるゴムのため，足に絡んでも転倒することもなく安全に取り組める。

④ ボウル渡り（調理用のボウルを使用）

逆さに置いたボウルの上を歩く。不器用さのある児童は，足の指を使っていなかったり偏平足であったりすることが多い。立ったり歩いたり走ったりするには，足裏全体や足の指をしっかり使うことが重要になる。ゆっくり進むことで，足裏や足指の感覚やバランス感覚を高める。土踏まずを含めた足裏の三つのアーチをつくるのにもよい。

⑤ 輪くぐり（腹巻やヘアバンドを使用）

腹巻を頭から足まで通すことでボディイメージを高める。また，上着の着脱，ズボンの着脱等の着替え動作が向上する。袖から手を抜くことや，靴下の着脱動作の向上には，腕や足に着けたシュシュを取る（着ける）ことを行った。

•3• 考察

「ズボンを履くのがうまくなった」「座る姿勢がよくなり，書字がきれいになった」「以前は走ると必ず転んでいたが，ぎこちなさがなくなった」等，身体の使い方が変わってきた。今までは，その場（着替え等）での直接指導が多く，児童にとって苦手なことの繰り返しになり，意欲が低下することもあった。しかし，体幹づくり，動きづくりを行うことで，児童自身ができるようになったことを実感し，意欲的な姿が増え，一つ一つの動作だけではなく，毎日の生活を主体的に送る姿が見られるようになった。

また，身体からのアプローチは，身体意識や自己を知ることで過敏等からくる落ち着きのなさがなくなったり，指導者と共に体を動かす中でコミュニケーション面が向上したりする等も期待できる。

〈戸田　剛〉

体育
「ぴょんぴょんぐいぐい みんなでうんどう」

●1● 取組の概要

　茨城大学教育学部附属特別支援学校小学部の在籍児童数は，低学年ブロック（1～3年生）9名，高学年ブロック（4～6年生）8名の計17名である。教師の促しや個別の補助などが必要な場面も見られるが，和やかで落ち着いた雰囲気の中，教師や友達と一緒に活動する姿が見られる。運動の実態としては，体を動かすことが好きな児童が多いが，動きにぎこちなさが見られたり，動きの持続力が短かったり，単なる模倣的な動きに留まってしまったりすることが課題として挙げられる。

　今回紹介する授業は，小学部全体で行う体育の授業である。学部体育の授業は，週に1時間（40分）行っており，11月から12月にかけて2か月間取り組んだ。

　本単元「ぴょんぴょんぐいぐい みんなでうんどう」では，運動遊びの中で体の基本的な動かし方を知り，様々な動きに親しめるような学習を設定した。

●2● 指導の実際

　本授業を実践する中で，以下の3点を工夫して授業づくりに取り組んだ。

① 動きの「感じ」と「気づき」を促す工夫

　【「オノマトペ」を使う】「オノマトペ」とは，「キーン」などの擬音語や「ふわふわ」などの擬態語などのことである。「オノマトペ」を聞くことで，何となくイメージが湧き，身体動作が生起されやすいと言われている。今回の授業では，「ぐいぐい」や「すりすり」などの「オノマトペ」を入れながら，合わせて動きのイラストも取り入れたことで児童が動きをイメージしやすいように工夫した。また，体を動かす手掛かりとなり，児童の自由な発想を促したり，全員で動きを共有したりするために有効であったと考える。

　【動きと感覚の確認をする】授業で取り上げた運動は，体育や遊びの中から児童と一緒に行ってみたり，教師同士で実際に体を動かしながら探ったりして絞り込んでいった。こうした絞り込んでいく過程から，児童に一つ一つの動きでどのような感覚を大切に，どう感じさせたいかを明確に捉えることができた。また，つま先や腕など体の使い方のポイントを押さえることで，児童の動きの気づきを促すかかわりを意識することができた。

② 「おもしろそう。やってみたい」を引き出す工夫

　【ストーリー性をもたせる】授業全体にストーリー性をもたせることで，期待感を高め，活動の始まりと終わりをわかりやすくし，「できた」と実感できる場面を設定した。「おもしろい」と活動に興味をもって体を動かすことを楽しんだり，見通しをもって「やってみたい」と自分から運動したりすることができた。

　【教具を工夫する】扇形の綱（写真1）や「全員で雑巾がけ」のマットなど，自分の体の

動きに自然に気づくことができるようにした。

【畳を使う】可動式の畳を使用した。床と比べて冷たくないという畳の心地よい温かさや，転んで膝をついても痛くないという安心感をもって，のびのびと体を動かすことができた。また，畳の上ならではの自由な動きや思い切った動きや豊かな表情を引き出すことができ，「這う」動きにおいては，畳の適度な弾力により，つま先や腕を使うことが容易になり，自分の体の部位を意識して動くことができた（写真2）。

写真1　扇形の綱

【1年生から6年生まで全員で行う】集団の中での自分の役割や友達への意識の深まりが見られてきていることから，学部全体での授業に取り組んだ。下級生は上級生への憧れをもち，上級生は上級生としての自覚をもつことで，意欲をさらに引き出すことができた。さらに全員で活動することの満足感や達成感をより深く味わうことができた。

【振り返り場面を設定する】活動の区切りで振り返る場面を設定した。イラスト

写真2　畳を使った運動

の入った振り返りカードを使ったり，教師とやり取りしたりする中で，児童が感じたことや考えて工夫したことを友達に伝えるようにしたことで，がんばったことや楽しかったことを言葉や動きで教師や友達に伝え，活動を振り返ることができた。

③　教師間での授業の評価

毎回授業後には，児童の様子や教具・教師の働き掛けについての振り返りを行った。写真やエピソードを基に教師間で共有することで，児童の目標設定や評価，教師の次時のかかわりに生かすようにした。

3　考察

「オノマトペ」や視覚的支援を手掛かりとすることで，児童が動きをイメージして楽しく体を動かすことができ，活動内容や場所，集団，教具等の工夫をすることで児童が「おもしろそう。やってみたい」と感じられる体育の授業づくりを行うことができた。また，教師が動きのポイントを押さえて適切な補助や支援をすることで，児童が自分の体の部位や動きに気づき，考え，動きを工夫することができた。さらに，授業の中で振り返りの時間を設け，教師が児童の思いを補ったり受け入れたりするかかわりをすることで，児童の達成感や満足感を高めることができた。課題としては，教科の目標を押さえた上での記録や評価の方法をどうしていくか，まだまだ検討の余地があると考える。

〈齊藤　昌晴〉

ラジオ体操を通して
肘を伸ばしきろう　腕を上げきろう

●1● 取組の概要

　滋賀大学教育学部附属特別支援学校小学部の1年生から6年生までの計17名の児童が活動した取組である。新版K式発達検査2001で2歳程度から5歳程度までの児童の集団であり，17名中10名が自閉症を有している。

　この取組は，登校後の生活リズムを喚起することをねらいの一つとして9時20分から9時40分に位置付けられている朝の運動で，毎日継続的に行った。前半の10分程度で，歩いたり走ったりする活動を行い，後半の時間でラジオ体操に取り組んだ。

　児童の多くは，言葉による指示や示範で身体を動かすことはできるが，肘を伸ばしきれなかったり，腕を上げきれなかったりすることが多い。日々のラジオ体操を通して，肘をしっかり伸ばすことや腕をしっかり上げることを習得すること，みんなと体を動かすことの楽しさを理解し，自ら体を動かそうとする意欲を高め，集団として活動することを大切にする力につなげられることもねらいとして取り組んだ。

●2● 指導の実際

　年度の初めからラジオ体操第1を取り入れたということが大きな特徴である。理由としては，いくつか挙げられる。

　これまでも教師が考えたオリジナルの体操に取り組んでいたが，選曲を含め毎年新しい体操を考えていく必要があった。また，ねらいを達成するための動きを取り入れた内容を考えるものの，教師の力量や専門性に左右されていた。しかし，「子どもからお年寄りまで一般の人が行うことを目的とした体操」であるラジオ体操は，背伸びの運動，腕を振って足を曲げ伸ばす運動など13項目から構成されており，その中に腕を上下に伸ばす運動，腕を振って足を曲げ伸ばす運動という本校のねらいに沿った活動が含まれていることが理由の一つである。

　また，ラジオ体操の特徴として，全国共通であり，児童の成長や出来映えを教員間で共通の視点で共有できることはもちろん，どのような年代の方もご存じであることから，保護者にも理解していただける。加えて，運動会等の学校行事で披露することによって，他学部の生徒や教員，地域の方にまでもわかっていただけるという利点もある。

　さらに，地域の夏休みに行われているラジオ体操への参加が可能になり，地域とのつながりが期待できるという利点もある。

　全国の小学生を対象にした全国ラジオ体操コンクールも実施されており，特別支援学校の枠組を超えた一般のコンクールへの参加も可能になるという，インクルーシブ教育システムの構築にもつながる取組にもなる。

このような利点を活用しながら継続的に取り組み，次のような成果が見られた。

運動会で保護者や地域の方に披露した。肘を伸ばしたり，腰を屈曲したりできるようになったりする児童が増えてきた。また，前にいる教師に注目して体操をすることもできるようになった。

保護者だけではなく，来賓の地域の方々からもお褒めの言葉をいただけた。

また，本校の近くで毎朝ラジオ体操に取り組んでいる高齢者のクラブの方がおられたので，一緒に活動できないかと依頼したところ，毎日学校に来てくださり，児童と共にラジオ体操に取り組んでくださっている。その結果，児童との関係も深まり，児童から地域の方の手を取る姿が見られたり，毎日の学習予定を自主的に地域の方に伝えたりする姿も見られるようになった。

夏休みに地域で行われているラジオ体操に参加できるように，ラジオ体操カードの配布だけではなく，学校独自の夏休みのしおりにラジオ体操に参加したかどうかをチェックする欄もつくった。地域のラジオ体操に参加した児童もいれば，自宅でラジオ体操の曲を流して取り組んだ児童もおり，家庭の協力もあり学校外での取組も広がった。

年度末の保護者の学校評価でも，継続的にラジオ体操に取り組んだことで，「春にはぎこちなかった動きが，運動会を経て，学期末には上手にできるようになったことをうれしく思う」という記述があり，保護者も確かな成長を実感している。

3 考察

全国ラジオ体操コンクールに本校小学部の取組を応募したが，参加賞という結果であり，残念ながら入賞はできなかった。子どもたちの一挙手一投足は正しくラジオ体操ができているかという基準に対して，まだ十分達していない点がある。今後も自分の動きを意識し，正確な体の動きを目指していくことが課題となる。また，地域の方とのつながり，地域の取組への参加のきっかけができたことを生かし，公立小中学校のように校区をもたない附属特別支援学校と地域の方々とのつながりを継続し，日常的なつながりに発展させていくことも重要になる。

〈川島　民子〉

みんなで楽しく，デカパン競走!!
~運動機能の向上と社会性を育むために~

● 1 ● 取組の概要

　本学習活動は，週1単位の体育の授業（6~2月）で小学部1年生から6年生までの24名で取り組んだ。なお，筑波大学附属大塚特別支援学校小学部では，体育の授業として，週に4回，15分程の「うんどう」の時間を設け，時間走やサーキット・トレーニングを中心に取り組んでいる。

　本題材で扱う「デカパン」とは，2名以上の人が入る大きさのズボンの名称であり，このデカパンを使ってかけっこやリレーの競走を行った（以下，「デカパン競走」）。

　デカパン競走はズボンの着脱をして走る活動であることから，足を深く曲げる，しゃがむ，バランスを取る，走るといった様々な運動要素を含んでいる。また，かけっこやリレーについては，前題材の「運動会」でも取り上げていることや，これまでの学習活動の積み重ねから，児童らは大まかなルールについて理解を深めてきていた。また，デカパンは構造上の特性から，複数の人と一緒になって活動することに見通しがもちやすく，児童同士もしくは児童と教員とがかかわり合いながら学習活動を展開することができると期待した。

　そこで，本題材では二つのねらいを考えた。

- 様々な運動要素を含む「デカパン競走」を継続的に積み重ねることで，個々の運動技能を高めること。（運動機能の向上）
- 「デカパン競走」を通じて，ペアとなる友達のことを考え，相手に合わせた行動ができるようにすること。（社会性の育成）

● 2 ● 指導の実際

　ここでは，A児の成長を事例として学習活動の経過を追っていく。

　A児は6年生の男児であり，かけっこのようにルールがシンプルな競走であれば勝敗について理解をすることができる。

　6月，初めてデカパンを履いてかけっこを行った。A児はホイッスルの合図とともに相手チームに負けま

写真1　縦列になるペア

いと走り出そうとした。しかし，なかなか前に進むことができない。A児のあまりの勢いのよさに腰が引けてしまい，ペアの友達はゆっくり走ろうと体をのけぞらせていたからである。それでもA児は，前を向いてひたすら走り続けようとする。ついには，ペアの友達は座り込み，引きずられる形となってしまった。

　次の時間，近くの教員はA児がスタートをする前に「友達をしっかりと見て走るんだよ」

と伝えていた。ホイッスルが鳴る。しかし，前回負けたことが悔しかったのか，A児はいっそう速く走ろうと勢いをつける。結果は前回と同様であった。

後日，私たちは撮影しておいた動画を基に授業を省察し，ペアの妥当性や指導の手立てなどを検討した。ここでは，A児がペアの友達に注意を向けてリードしていたかだけでなく，ペアとの走力差や体格差など運動能力や身体機能面の差違，A児のペア側の課題（うまくリードされるように協力できていたか）なども検証の視点とした。

写真2　動画での振り返り

まず，ペアの組み方について，リードする側とフォローする側とのそれぞれの目標を照らし合わせながら再検討し，組み直すこととした。A児には，デカパン競走で心地よく走るための感覚を身に付けることができるよう，比較的フォローが上手な友達とペアを組むようにした。さらに，児童にはペアとのかかわり方について具体的に示すこととした。その一つが，学習の目標に「手つなぎをして一緒に走ること」を掲げたことである。その際に，模範となる走り方を実演したり，イラストや静止画で提示したりしてポイントをわかりやすく伝えるようにした。その結果，A児はペアの手を引いてリードすることができるようになり，ペアの友達が転ぶことが少なくなった。

また，学習活動に取り組んでいる様子を動画で撮影し，学習のまとめの時間を使って目標を達成しているペアを動画で紹介する「本時のMVP」を設定した。あるとき，A児がMVPに選ばれ，ペア揃って全体の場で称賛されたとき，「ニヤッ」と笑ってくすぐったいようなうれしさを表情に表していた。

後半の指導では，直線を走って戻ってくるリレー形式に，ミニハードルを越えることや棒をくぐる障害物を加えた。これは，障害物を設けることで，よりペアの動きやタイミングを合わせることを意識することができるようになってほしいと考えたからである。当初はぎこちなかったが，児童は活動を繰り返す中で，ペアの友達がハードルをまたいだり，棒をくぐり抜けて

写真3　並んで走るペア

立ち上がったりするまで待とうとしたり，「せーのっ」と言葉をかけて立ち上がるタイミングを図ろうとしたりするなど，友達とのかかわり方に望ましい成長の姿を見せてくれるようになった。

3 考察

ここでは，主だった手立てについて記したが，近くの教員によるさりげない称賛や友達からの称賛，かかわりが重要である。小学部段階の児童は，人とのかかわりの中で運動することの心地よさを味わい，意欲と楽しさを学ぶことが大切であると考える。

〈内倉　広大〉

ダンスで心も体も WAKE UP!!
～自ら楽しんで取り組む体つくり運動～

•1• 取組の概要

　愛知県立三好特別支援学校は，全校の児童生徒数は422名，うち小学部が92名の規模の大きい学校である。小学部では数年前から「体づくり」に取り組んでおり，体育の授業以外にも「日常生活の指導」の中で行うことが定着している。

　今回紹介する学年は5年生16名の集団で，毎日1時間目の日常生活の指導の時間にサーキット運動とダンスに取

写真1　サーキット運動

り組んでいる。前半のサーキット運動では，渡り廊下を利用して階段を上りバーをくぐり，折り返し地点で好きなイラストカードを壁面に貼って戻ってくるという流れを4，5回行っている。後半は教室に集まってダンスを踊るという，合わせて15分弱の活動である。

　本学年16名のうち，自閉症のある児童は11名である。ICT機器に関心の強い児童が多く，学習内容をプレゼンテーションソフトや映像で伝えると，意欲的に活動することができる。一方，机上での学習や座って話を聞く場面など，動作の少ない活動が苦手であり，着席したまま集団での授業が続くとストレスをためやすい傾向がある。また，自ら意識的に身体を動かすことが苦手で，運動不足になりやすい。体の使い方も不器用で運動動作に課題がある児童が多い。そのため，ダンス活動は以下のようなねらいで実践した。

・1時間目の日常生活の指導で行うことで，心も体も気持ちよく目覚め，2時間目以降，落ち着いて授業に取り組むことができるようにする。
・ダンスの技術的な面よりも，児童が楽しんでたくさん体を動かすことを重視する。
・動きの中に児童の苦手な動きを取り入れ，自然に体の動かし方を体得する。

•2• 指導の実際

　ダンス部分の指導に当たっては，教師の模範映像をテレビで映しながら，教師も児童も一緒になって踊る活動をしている。以下では，教材づくりでの工夫について3点と，指導方法の工夫について2点を挙げる。

①　教材づくりでの工夫

　教材づくりについての1点目は，児童が聞き取りやすいリズムや歌詞の曲を選ぶことである。児童向けのテレビ番組で使用されている曲や，テレビコマーシャルで使用されている曲など，少しでも聴き覚えのある曲のほうが親しみやすい。

　2点目は，運動量を確保しながら，運動課題が組み込まれたシンプルな振り付けにすることである。ジャンプや一回転など，児童の得意な動きを中心に構成する。屈伸や手足の

伸身などの課題をワンポイントで組み込む。そして，一連の流れを繰り返すことで，覚えやすくすることである。単純で繰り返しの多い振り付けにすることで，児童が取り組みやすく，自発的に短い期間で覚えることができる。

3点目は，教師が登場する模範映像を制作することである。前述した実態に加え，視覚的な情報を活用することで，より理解が進むことから，映像を使用する。児童にとって一番身近な存在である教師が映像に登場することで，児童の興味を引くことができる。さらに，教師がいつもと違う服装やダンスのテーマに合った仮装をすることで，児童の注目度や意欲を高めることができる。

写真2　模範映像を使ったダンス

② 指導方法の工夫

指導方法の工夫の1点目は，児童の実態を的確に把握し，支援が必要な児童に，個別にポイントを絞って指導することである。模倣が得意な児童はテレビ画面を見ながら踊る。動作に課題がある児童は，苦手な動作の場面に応じて指導する。ダンスや模倣に興味がない児童には，教師が一対一で支援しながら踊るようにする。映像を使用することで，示範をすることがなくなり，全教師が児童への直接的な指導・支援に当たることができ，また，児童一人一人の様子を観察することができる。

2点目は，ある程度の期間，一つの曲で継続して取り組むことである。3か月〜半年の期間で取り組むことで，「踊りを見て覚える→1人でできる動作を増やす→自発的に楽しむ」と順を追って，児童自身が自分のペースでステップアップすることができる。

3　考察

以上の点を踏まえ，毎日朝一番にしっかりと体を動かすことで，その後の授業での学習姿勢に改善が見られた。机上での学習時間や教師や黒板に注目する時間が少しずつ増えたり，苦手な運動動作も少しずつ上達したりした。また，ダンスには興味がなかった児童も，教師と一緒に活動することで，楽しい雰囲気の中で教師との良好な人間関係を築くことができた，などの効果もあった。これには，模範映像の不変性，継続的な実践と，教師と児童が一体となって楽しむ雰囲気が挙げられる。映像は毎回まったく同じ情報を伝えるものであり変化がないため，自閉症のある児童にとって安心して見ることができる。そして，それが楽しさにつながる。

また，継続して毎日実践することで児童がゆっくりステップアップでき，回数を重ねるごとにダンスや曲に親しみ，自信や自己肯定感を得ることができる。さらに教師が児童と一緒に活動することで，集団での活動をよりにぎやかに楽しくすることができる。

今後も，ダンスの曲を新しいものに変えていきながら，注目する力や模倣する力，教師など身近な人とのコミュニケーション力を育てていきたい。そして，屋外での活動も取り入れ，活動全体の運動量を増やし，体力の向上を図っていきたい。

〈杉浦　稔〉

「リズム遊び（表現運動）」における一つ一つの動物の動きの紹介

●1● 取組の概要

「リズム遊び」は，秋田大学教育文化学部附属特別支援学校小学部合同の「遊びの指導」として，週1単位時間（45分），年間約35単位時間実施している。本校は比較的少人数であるため（平成27年度17名），1年から6年まで学部全員での学習として取り組んでいる。模倣能力や身体の柔軟性は高いが，筋力が弱く持久力に欠ける児童，ボディイメージの形成が不十分で，身体の使い方に偏りが見られる児童など，課題は様々である。指導のねらいは，下記の3点が挙げられる。

・友達と一緒に身体を動かす楽しさを味わいながら，集団での約束を守り，様々な動きに挑戦しようとする気持ちや態度を育てる。
・様々な動作模倣を通してボディイメージを形成し，模倣する力，筋力，持久力を高める。
・様々なテンポやリズムの曲に合わせて身体を動かすことによってリズム感を養う。

●2● 指導の実際

動物や身近な物など約20種類の動作模倣から毎回8種類程度を選んで行う。児童の課題に応じて，比較的長いスパンで同じ動きを繰り返し行うことが多い。1単位時間の流れは右のとおりである。

次に，動作模倣の一例を挙げる。

① あいさつ
② 先生の話を聞く
③ リズム遊びをする……ピアノの音を聞きながら8種類程度の動作模倣を行う
④ クールダウン……パラバルーン
⑤ 振り返り……上手だった人，がんばった人の紹介
⑥ あいさつ

① おやうま

高ばいの姿勢で足のつま先を使いながら前に進む。膝を伸ばして，やや足を広げ，腰をしっかり上げるようにする。童謡「こうま」の音楽で，体育館の往復約18mを移動する。この前段階で四つ這い（こうま）を行っている。

② かめ

腹ばいの姿勢から両手で足首を持ち，体を反らせる。童謡「うさぎとかめ」の1フレーズの約15秒間，姿勢を保持する。ピアノの音を変えて，休憩を挟みながら3～4回行う。背筋力が必要な動きであり，また，体が硬い児童は苦手な傾向にあるが，「顔を上げる」など児童がわかりやすい言葉掛けをし，少しずつ静止する時間を長くしていく。

写真1　おやうま

写真2　かめ

③ かえる

両手両足を床につけた状態から両足で高く跳び上がり，ジャンプしながら移動する。急ごうとして両足ジャンプだけになることが多いので，1回ごとに腰を下ろして，両手を床につけるようにする。体育館の往復約18mを連続して行うため，途中で疲れて休んでしまう児童も多いが，体力が付いてくると最後まで連続して行うことができる。

写真3　かえる

④ かに

両手をはさみの形にし，しゃがんで横向きに進む。足首が硬いと姿勢を保ちながら移動することが難しい。横向きにまっすぐ歩くために，体育館の直線ラインをガイドとしたり，目視できる4m程度先のラインを目指して進んだりする。同じく，しゃがんで縦に歩く動作（あひる）もある。

写真4　かに

⑤ とんぼ

両手を肩から平行に伸ばして体育館を走り，ピアノの音が止まったら片足を後方に上げ，片足でバランスを取って止まる。ピアノのリズム（童謡「とんぼのめがね」の1フレーズ約15秒間）に合わせて走る速さを変えながら，5回程度繰り返し行う。片足でバランスを取って立つことが難しい児童は，壁に手をついたり，教師と手をつないだりしながら，2～3秒静止する。

写真5　とんぼ

この他に，「自転車」（仰向けに寝て両足を上げ，左右の足を交互に回転させる）など，動物以外の身近な物を題材とした動作模倣も行っている。

3 考察

本校でリズム遊びを取り入れて8年目になる。児童一人一人に苦手な姿勢や動きはあるものの，友達や教師と一緒に楽しみながら身体を動かすことで，徐々に様々な動きができるようになってきて

写真6　自転車

いる。何年もかかって一つの姿勢や動きができるようになる児童もいるが，継続していくことで，走るフォームが整う，座る姿勢を長く維持できるなどの効果も見られ，積み重ねることの重要性を感じる。また，上級生を見て自分も上手になりたいと思うなど，異学年集団で行うことのメリットも感じる。

最初は自由に動き回り，友達と一緒に行動できない児童もいるが，活動を重ねていくことで，ピアノの音を聞いて動きを判断したり，友達の様子を見て自分も同じように動いたりできるようになり，集団行動の基礎を学ぶ学習としても効果的であると感じている。今後も児童の課題に応じて新しい動作模倣を検討しながら，継続して取り組んでいきたい。

〈高橋　省子〉

自立活動「なかよしタイム」における表現運動の指導実践
~集団活動での体操やダンスの指導を通して~

1. 取組の概要

　指導は，自立活動の時間として，13：50～14：05の15分間程度行ってきた。人数は，単一障害学級の小学部中学年児童25名。児童の実態は，知的障害とともに，自閉症や行動面での困難さがある等，様々であるが，特にこだわりが強い自閉症のある児童が多い。

　宮城県立光明支援学校小学部では，個別の自立活動における年間計画の課題に基づき，集団活動の中で個の課題に応じて指導に当たれるよう，「なかよしタイム」という集団活動の場を設定している。「なかよしタイム」では，健康の保持，心理の安定，身体の動き，集団適応等をねらいとしており，共通の集団活動の場として，校舎1階玄関ホールで一連の音楽を流し，体操やダンスを行う活動である。その学級及び個々の児童の実態やねらいによって，参加・不参加を含め，場の活用は担任に任されている。

　今回の指導のねらいは，自立活動「なかよしタイム」での集団活動を通して，児童の身体の動きと集団適応能力を高めることである。

2. 指導の実際

① 児童の意欲を高める教材等の工夫

　「なかよしタイム」では，みんなで楽しく身体を動かして動きを巧みにするだけでなく，運動量の確保もねらいとした。そこで，児童が自ら進んで身体を動かしたくなるような体操やダンスを用意したいと考えた。最近では，歌に合わせて振り付けを踊るDVDが増えてきており，その中でも児童好みの体操やダンスを選んだ。

写真1　「なかよしタイム」の様子

　　・1学期……「秘伝ラーメンたいそう」
　　　「ようかい体操第一」「こども体操第ク─！」
　　・2学期……「ラジオ体操第1」「ルルブルロックンロール」「イーグルぐるぐる体操」

　どの体操やダンスも簡単な動きや繰り返す動きが多いので，児童が覚えて踊れるようになるまであまり時間はかからなかった。しかし，児童の多くは，映像の動きを鏡に映したように逆の動きで覚えるため，児童の前で示範する教師は，逆の動きを覚える必要があった。

　どの体操やダンスも，身体の様々な部位を動かすように構成されており，児童にとって

よい刺激となるだけでなく，運動量を確保することができた。

② ICT教材の活用

最初は，CDを使った音楽だけで体操やダンスを行っていたが，CDプレーヤーの周りにいる児童のみが一生懸命に身体を動かしていた。それ以外の児童は，周りをウロウロしたり座り込んだりして，なかなか身体を動かそうとしていなかった。

クラスの休み時間等でも体操やダンスを練習しようと思い，iPadを利用して映像を見ながら行ったところ，今まで興味をもてなかった児童も近寄ってきて，映像を頼りに身体を動かすようになってきた。

そこで，「なかよしタイム」でも，大型テレビとDVDプレーヤーを用意し，それを見ながら全員で身体を動かすようにした。すると，音楽だけではなかなか身体を動かそうとしない児童も，大型テレビに映像が映し出されると，それをよく見ながら身体を動かしていた。

③ 児童の成長を発表する場の設定

本校では，11月中旬に保護者や地域の方々をお招きして，学習発表会を行っている。今までは，劇のような演技内容が多かった。そのため，本番に向けて練習をがんばるものの，当日になると緊張からか固まったり不安定になってしまったりして，練習の成果が発揮できない児童が少なくなかった。

そこで，毎日のように自立活動「なかよしタイム」で行ってきた体操やダ

写真2　学習発表会でのダンスの様子

ンスを披露する演技内容とし，特に好んでいた「ようかい体操第一」を踊ることとした。学習発表会の練習が始まると，児童たちは毎日楽しく行ってきた体操やダンスだったためにすんなりと受け入れ，練習をスムーズに進めることができた。本番でも，今までなかなか練習の成果を披露できなかった児童が，ステージ上で生き生きと踊る姿を発表することができた。

3　考察

今回の取組を終えて，自立活動の重要性を再認識することができた。そのためにも，児童の実態を的確に把握して，その実態把握を基にした活動内容や教材等を準備する必要があると感じた。児童にとって有意義な自立活動となるよう，今後も研鑽を深めていきたい。

〈遠藤　彰〉

中学部の実践

自分から楽しく運動に取り組める「サーキット」の実践
～多様な動きを取り入れた体つくり運動～

•1• 取組の概要

静岡県立御殿場特別支援学校では，年間を通し毎日25分間，中学部全体で「朝のトレーニング」を行っている。

2学期は，体つくり運動であるサーキットを行い，限られた時間や場所の中で多様な動きを取り入れ，自分から楽しく運動に取り組めるよう，グループや使用する用具や内容，場所などの工夫を行ってきた。

•2• 指導の実際

サーキットは，生徒の実態とねらいから二つのグループに分かれて行っている。また，

	Aグループ	Bグループ
実態	・からだの動かし方がスムーズで自分から体を動かす生徒が多い。	・体の動かし方がぎこちない生徒が多い。
ねらい	・筋力・持久力・調整力をバランスよく向上できる。 ・自分からたくさん体を動かす。	・できる動きを増やし，行動体力を高める。
場所	・運動場のコースにハードルやタイヤなどを設置。いろいろな動きを行いながら，長い距離を走り，運動量の確保や思いきり活動できるようにする。	・運動場のコースの内側にタイヤや平均台を設置。限られた空間にすることで，次の動きがわかりやすく，自分から活動できるようにする。

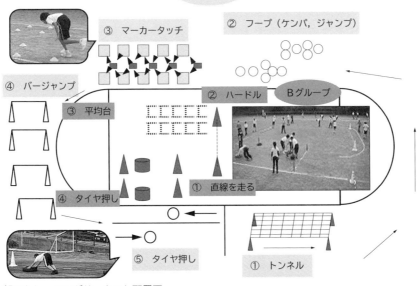

朝のトレーニングサーキット配置図

準備や片付けも，生徒が準備表を見て自分で考え，友達と協力して行うようにしている。

各種目の活動，育てられる力，支援の工夫は次のとおりである。

		種目	内容〔育てられる力〕	支援の工夫
Aグループ	①	トンネル	・高さ50cmのネットをくぐる。〔空間認知能力〕	・ネットをかがんで走り抜けられるような高さに設定する。
	②	フープ跳び	・両足ジャンプ，「ケンケンパ」で行う。〔平衡性，協応性〕	・2種類の跳び方ができるよう，フープの配置を2コースつくる。
	③	マーカータッチ	・左右にある2色のマーカーを片手でタッチする。〔敏捷性〕	・わかりやすいよう，列ごとに同じ色のマーカーを置く。
	④	バージャンプ	・高さ70cmのバーをリズムよく跳ぶ。〔平衡性，協応性〕	・バーの間を走りながら跳び越えていけるような距離に設置する。
	⑤	タイヤ押し	・タイヤを押し，ターンをして戻る。〔筋力，協応性〕	・安全にできるよう一方通行にする。
Bグループ	①	ランニング	・走る，歩く。〔持久力〕	・コースがわかるようコーンを置く。
	②	ミニハードル	・ハードルをジャンプしたり，またいだりする。〔平衡性〕	・生徒の実態に応じ，高低2コースを用意する。
	③	平均台	・高さ15cmの平均台を渡る。〔平衡性〕	・2種類の幅を用意する。配置も定期的に変更し，変化を付ける。
	④	タイヤ押し	・タイヤを引っ張ったり，押したりする。〔筋力，協応性〕	・タイヤのサイズを数種類用意。押すことが難しい生徒用に紐を付け，引っ張ることができるようにする。

3 考察

ねらいに応じて2グループに分けたことや種目の工夫を行ったことで，限られた時間や場所を有効に使って成果が得られたと考える。Aグループでは自分の力を思い切り出して運動し，基礎体力を付けることができたり，下級生が上級生の動きを見て刺激を受け，新しい動きや技に挑戦したりすることも見られた。Bグループでは，フィールドの中心に運動用具を並べたことで，見通しをもち楽しみながら自分から活動することができた。

生徒に応じて多様な動きを取り入れたり，ハードルの高さや動きの種類を多様化したりしたことで，生徒たちが挑戦しながら基本的な動きを総合的に身に付けることができた。朝のトレーニングを毎日学部全体で行ったことは，見通しがつき，自分から活動したり，いろいろな動きの獲得や筋力，体力などを3年間かけて育てたりすることができた。さらに，毎日のサーキットや準備・片付けで培った力は，物を運んだり，着替えたりするなどの日常的な身体の使い方が上達し，動作がスムーズになるなどの効果も確認された。

今後も朝のトレーニングを通して，生徒たちの身体能力を育て，健康的で明るい生活につなげていきたい。

〈山﨑　久美子〉

中学部の実践

中学部運動会演技
生徒と大学生がつくる「エイサー」
～美作大学沖縄県人会とのコラボレーション～

● 1 ● 取組の概要

　岡山県立誕生寺支援学校は県の北部にあり，知的障害部門と肢体不自由部門を併設している。本実践は知的障害部門の運動会へ向けた取組の一つで，平成26年度から行っている。この教育実践は運動会に向けて，4月から10月にわたり体育の時間と並行してICTを活用した，美作大学沖縄県人会とのコラボレーションの取組である。

　本校の中学部生徒数は59名で，美作大学沖縄県人会（以下，「沖縄県人会」）の参加学生約30名と共に運動会演技を構成した。

● 2 ● 指導の実態

①　平成26年度の実践

　学校の所在地である久米南町から15kmほど離れた美作大学には，沖縄県の学生を中心とした沖縄県人会がある。そこで，沖縄のエイサーを本校の生徒の活動に取り入れることができないかと依頼したところ，快諾をいただきスタートした。初年度は，まずは教師が大学生にレクチャーをしてもらい，それを生徒に伝達することから始めた。2学期からのスタートであったため時間が限られる中，エイサー，海，花，太鼓のグループで構成して演技づくりをした。学生との共同練習は予行を含む2回実施し，運動会本番を迎えた。

②　平成27年度の実践

　前年度にいただいた大きな拍手をイメージできた状態で，生徒・学生がつくり上げるエイサー演技を目指した。それは生徒が自分たちで考えることで主体性が生まれ，自分たちのやりたいことが実現する体験をしてほしかったからである。また，学生からの「こんなふうにしてみたら」という前年度のアドバイスも可能な限り生かしていきたいと考えた。それを具体的な行動に移してみると，以下のようになった。

　【定期的な話合いの場の設定】話合いを実際に会って行うことは授業等で難しい状況であったため，ICTを活用して画像を通したやりとりを行った。具体的にはタブレット端末のテレビ電話システムを活用して，本校の昼休みの時間帯に全7回行った。ICTを活用することで，離れていても顔を見ながら具体的な意見交換ができ，回を重ねるごとに，お互いの名前を覚え親しみが湧き，よい雰囲気で話合いを進めることができた。

写真1　ICTを活用した話合いの様子

　6月のやりとりを紹介する。6月11日に生徒が「花グループの衣装は『アナと雪の女王』のようなマントがいい」と発言した。すると次回6月25日には学生が，それを受けて衣

装のデッサンをして画面越しに生徒に提案して衣装が決定した。

【生徒の自主性を大切に】演技を「踊り」「海」「花」「太陽」「太鼓」のグループに分けて練習を行った。各グループは，体育の授業はもとより，朝や昼休みの時間を見つけて自主的な練習を行うようになった。これは教師からの促しではなく，前年度から始まった生徒主導の活動であり，そこに教師が入り演技指導をした。そこでのエピソードがある。

ある日，「今日は○○があるためにエイサーの練習ができないかもね」と教師に言われたE君が，自分からCDデッキを運び，いつも昼練習をしている場所で1人で練習していた。短い時間でも練習していたE君に「なんで練習していたの」と尋ねると，「お母さんに踊りを毎日教えてあげているのです。それと大学生の人が来たときに，上手だねって褒められたいから」という答えが返ってきた。このような個人の気持ちが周囲の生徒や教師をさらにやる気にさせ，運動会本番を迎えることができた。

【大学生の協力】運動会当日までに，美作大学からの協力で4回合同練習を実施した。学生は生徒の名前を覚え，積極的に生徒の輪の中に入り，衣装の説明やパーランクーのレクチャーを授業の中で行った。また来校日には生徒の自主練習に入り，大きな太鼓の音を鳴り響かせ，大粒の汗を生徒と一緒に流した。

写真2　運動会当日の様子

運動会本番では，総勢約100名のエイサー演技が行われた。生徒と学生の気持ちのこもった演技は，参観者からたくさんの応援と温かい拍手をいただき，大成功に終わった。

3　考察

本実践は，運動会を通しての生徒と大学生の異年齢による交流学習である。生徒たちは「大きな太鼓をもって演奏したい」とキャリアモデルを身近に感じ，そのあこがれる気持ちを具体的に表現にして教師がファシリテートしていくスタイルで準備段階から始めた。初めは温度差がある様子だったが，準備段階からのやり取りがあったからこそ，お互いの気持ちを統合していくことができたと考える。

課題として，学生の夏休みの期間と本校の授業日が合いにくく，合同練習の回数が限定されてしまうことがあった。しかし，前年度の実績から大学側の交流への位置付けが大きくなり，非常に協力的になった。また学生のスケジュール調整，大学の授業，本校活動と十分な打ち合わせが必要なため，お互いの合意形成の下，さらによいものをつくろうとしたときに，ファシリテーション力が必要不可欠である。

〈益田　剛志〉

保健体育の授業における持久力向上への取組
～「毎日続ける！」10分間の有酸素トレーニング～

●1● 取組の概要

　青森県立弘前第一養護学校高等部での保健体育は，体力向上，特に持久力に視点を当てた授業を展開し，授業を行うに当たっては「継続」を大切にしている。がんばった成果を目に見える形で評価し，次への意欲が湧くような授業や単元構成を心掛けている。成果として，新体力テストの持久力の部分の向上が見られたこと，仲間同士励まし合いながら活動する様子が増えたこと，体調不良を訴える生徒が少なくなったことなど，身体機能の発達や情緒的発達が見られている。その他でも，産業現場等における実習での評価の向上，生徒会活動の活発化など，自信をもって取り組む様子が多く見られるようになっている。

●2● 指導の実際

　今回報告する実践は，体つくり運動での体力を高める運動についての取組である。対象生徒は，言葉での指示が比較的理解でき，運動能力面でも新体力テストすべての種目において測定可能な36名である。

　この取組は，毎年実施している新体力テストの結果から，生徒たちの課題が明らかになったことにより始めたものである。持久走においては完走できない生徒が多く見られた。身体測定の結果と照らし合わせてみると，生活習慣病が心配される生徒が増え，将来に向けて健康的な生活を送ることができるようにしていくことが課題だと考えられた。

　そこで，新体力テストの分析や生活習慣病予防の観点から，目指すところを「働くために必要な体力及び忍耐力の向上と生活習慣病の予防」とした。達成するために，トレーニングの原理・原則を踏まえながら，保健体育科の教員間で以下の3点を情報共有し，連携して取り組むこととなった。

① 運動習慣を身に付けるため，毎日欠かさずトレーニング！

　この取組で重要視していることの一つは，「毎日続ける！」ということである。本校高等部では，毎朝20分間の体育が設定されており，その中の10分をトレーニングの時間としている（写真1）。晴天時は毎日10分間グラウンドを走り，冬期間や雨天時には体育館でサーキットトレーニングを行っている。サーキットトレーニングは，「腕立て伏せ→ジョッグ→腹筋→ジョッグ→腿上げ→ジョッグ」を1クールとし，すべての運動を25秒間ずつで合計10分間行っている。これらを毎日繰り返すことにより運動習慣が身に付き，持久力向上のための有酸素運動として，効率的なトレーニング効果が期待できる。

写真1　トレーニングに励む生徒たち

②　タイムの発表により，仲間を意識し合う

トレーニングを行うに当たり，生徒一人一人が自分の体力面での状況を受け入れることも重要視している。そのために，新体力テストで得られた結果のうち，持久力に関する部分のみ対象生徒全員のデータを発表し，生徒同士が情報を共有している（図1）。タイムが伸びた生徒のがんばりをたくさんの人に認めてもらうこと，目標とする仲間を決めるための参考となること，自分のことだけでなく仲間の実態を知ることも必要であることなどから，タイムを発表することで，より意識し合い，切磋琢磨しながらトレーニングに取り組むことが期待できる。

年組	氏名	26年度6月		26年度11月		27年度6月		27年度11月		28年度6月		28年度11月	
		1年　前期		1年　後期		2年　前期		2年　後期		3年　前期		3年　後期	
		タイム	得点	タイム	得点	タイム	得点	タイム	得点	タイム	得点	タイム	得点
2-2	A	7'00"	4	6'53"	4	6'20"	6	6'25"	5				
2-2	B	7'24"	4	7'03"	4	6'55"	4	6'25"	6				
2-2	C	8'14"	3	8'05"	3	7'38"	[illegible]	7'26"	4				
2-2	D	9'22"	1	8'30"	2	8'34"	2	9'08"	2				
2-3	E	5'50"	7	5'48"	7	6'13"	6	5'48"	7				
2-3	F	8'04"	3	8'02"	3	7'51"	3	7'41"	3				
2-3	G	7'41"	3	7'08"	4	7'16"	4	7'08"	4				
2-3	H	7'00"	4	7'37"	3	7'02"	4	6'50"	5				
2-3	I	8'07"	3	7'56"	3	7'11"	4	6'59"	4				

年組	氏名	25年度6月		25年度11月		26年度6月		26年度11月		27年度6月		27年度11月	
		1年　前期		1年　後期		2年　前期		2年　後期		3年　前期		3年　後期	
		タイム	得点	タイム	得点	タイム	得点	タイム	得点	タイム	得点	タイム	得点
3-1	J	7'47"	3	7'45"	3	7'39"	3	7'46"	3	7'20"	4	6'50"	5
3-1	K	13'01"	1	11'01"	1	10'19"	1	10'15"	1	9'09"	2	9'08"	2
3-2	L	12'45"	1	10'52"	1	9'10"	2	9'02"	2	9'29"	1	9'49"	1
3-2	M	7'57"	3	7'36"	3	6'45"	5	6'10"	6	6'00"	6	6'03"	6
3-2	N	6'18"	6	6'20"	6	6'19"	6	6'18"	6	6'19"	6	6'11"	6
3-2	O	7'34"	3	7'21"	4	7'14"	4	7'20"	4	6'41"	5	6'35"	5
3-2	P	9'37"	1	9'09"	2	7'50"	3	7'36"	3	7'41"	3	8'00"	3
3-2	Q	8'46"	2	7'59"	3	7'37"	3	7'34"	3	7'50"	3	7'51"	3
3-2	R	5'53"	7	5'59"	6	ケガ		ケガ		体調不良		5'38"	7
3-2	S	12'04"	1	11'36"	1	11'15"	1	11'19"	1	12'18"	1	11'36	1

図１　新体力テストの持久力データの一部。網掛け部分は点数がアップした記録

③　目標の生徒を定め，心拍数を意識する！

目標の示し方として，新体力テストの得点に着目できるようにしている。細かいタイムで示すより，高得点を獲得している仲間を示したほうが，走るときでも後ろについていく目標が明確になり，生徒にとってわかりやすい。同時に，腕時計型の心拍数計測機を装着し（写真2），最大酸素摂取量の60～70％の運動強度を目標として，心拍数を120～130程度に保ちながら走ることを心掛けている。トレーニングでは目標の生徒と心拍数の二つを意識し，具体的な目標を設定することで効果が期待できる。

写真２　心拍数を確認する生徒。ほどよい疲れの感覚をつかむことで，トレーニング効果を実感

3　考察

この取組の仮説は，「運動が得意な生徒も苦手な生徒も，個々の体力を簡単なデータで示すことにより，自分の体力について知ることができ，体力向上だけでなく，実習や卒業後の進路学習に向けても意欲的に体力つくりに取り組むことができるのではないか」であった。持久力の結果からは，計測のたびにタイムが落ちる生徒は少なくなった。そして，トレーニング中に運動することを諦める生徒がいなくなったこと，さらに実習における持続力の評価が上がってきたことなど，多方面で効果となって現れてきている。

今後の課題は，生徒一人一人が「何のために体力を付ける必要があるのか？」という質問に自分なりの言葉で答え，課題意識をもち，体力の必要性を意識しながら取り組むことができるように指導・支援していくことであると考えている。

〈六角　健太〉

〔参考文献〕
・鈴木和弘編著『「生きる力」を育成する保健体育―身体活動を通した自己実現を目指して　理論，実践，実証！―』健学社，2002年

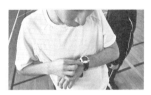

自己理解につなげる体力づくり
～運動を通してのセルフマネジメント～

•1• 取組の概要

　北海道釧路鶴野支援学校高等部の生徒は，社会的自立を目指し学んでいる。高等部の教育課程には，基礎となる「セルフマネジメント」という学習がある。この学習は，保健体育と自立活動を核とした各教科等を合わせた指導とし，週4時間，1校時に50分間実施している。成功体験が少なく主体的に活動に取り組む意欲が十分に育っていない生徒が，運動を通して，自分の身体の変化に気づくことや自分で立てた目標を達成することで得られる自己有用感（自信）を高めることをねらいとしている。また，毎日の食事や睡眠とこの時間に行う運動を合わせて比較することで，自らの生活を整えていこうとする力も育てたいと考えている。

時 間	月・木曜日 【サーキット運動とストレッチ】	水・金曜日 【カラテビクスと時間走】
	学 習 内 容	
9:00～	・各学習場所に集合 ・あいさつ，体調確認 ・ラジオ体操	・体育館に集合 ・あいさつ，体調確認 ・ラジオ体操
9:05～ 9:35～	・目標の確認 ・運動1）サーキット運動 ・運動2）ストレッチ	・目標の確認 ・運動1）カラテビクス ・運動2）10分間ランニング
9:40～ 9:50	・振り返り ・セルマネノートへの記入 ・あいさつ，解散	・整理運動 ・振り返り， ・セルマネノートへの記入 ・あいさつ

　主な指導内容は以下のとおりである。

・自らの生活習慣と運動との関係を記録するためのノート（以下，「セルマネノート」）の活用
・自らの体力を知る「体力テスト」の実施
・自らの課題に応じた運動を選択し，体力を高める「サーキット運動」の実施
・身体の動かし方や体力を高める「カラテビクス」の実施

•2• 指導の実際
① 自らの生活習慣と運動との関係を記録する「セルマネノート」

　セルフマネジメントの学習では，運動，体調，睡眠，朝食の有無を記録するための「セルマネノート」を活用している。記録したノートを振り返ることで自己理解を促す目的としている。「セルマネノート」は，生徒が記入しやすいよう，文字で記述するものや選択肢があるものなど，記入の方法が異なるものを数種類用意している。

　【運動前】今日の体調や昨日までの運動成果などを参考に本時の目標を設定する。生徒は，

セルマネノート様式1-2　　　ふりかえり用紙　※記入後は，担任の先生に提出してください。名前（　　　　　　　）
【チャレンジの時間】

月／日 曜日	・体調（理由）	朝食 (○×)	睡眠時間	学習内容（運動したこと）	取り組んでの感想	自己評価 ○△
／ （　）	●体調 ・よい ・わるい 理由		時　分 から 時　分 まで	カラテ＋ランニング サーキット＋ストレッチ DVDを見ながらの運動 校舎内ランニングなど	感想） 目標　周　記録　周 先生から）	

その目標と設定理由を担当者に自分の言葉で報告する。言葉で伝えることは，自分の考えを整理できるだけでなく，運動に取り組む意欲（動機付け）を高めることにつながっている。また，言葉にすることが苦手な生徒にとってのコミュニケーションの学習にもなっている。

【運動後】「セルマネノート」に体調（身体面）や朝食摂取の有無（生活面），学習内容（運動面）などについて自己評価を記入する。「セルマネノート」に記録し可視化することで，今の自分だけでなく，今までの自分も客観的に知ることができる。実際に，前日深夜まで起きていた生徒は「寝るのが遅いからすぐに疲れるのだろうか？」と運動の成果と睡眠時間との関係性に気づき，生活習慣を見直そうと考えるようになったり，力の出し方の調整が難しく倒れるまで運動に取り組んでしまう生徒が，「初めはウォーミングアップの気持ちでいこう」と運動後のことを考え，力を調整して取り組めるようになったりしている。運動の感想の記述については，「疲れました」というような表現だけではなく，体調面での変化がわかる表現や後から振り返ることができるよう，「朝ごはんを食べていなかったので疲れました」など具体的な言葉を使うようにしている。指導者は，提出されたノートに簡単なコメントを記載しているが，このコメントを楽しみにしている生徒も多く，他者からの評価を受けることで自分では気づけなかった成果と課題を発見することにもつながっている。

② 自らの体力を知る「体力テスト」

平成26年に本校高等部の生徒に実施した「新体力テスト」についてのアンケート結果では，今までに新体力テストを行ったことのある生徒は4割，そのうち結果を知っていると回答した生徒はさらに少ないことがわかった。そこで今の自分の体力を知ること，運動についての定期的な評価を行うことを目的として，3か月に一度，「新体力テスト」の一部の種目を行っている。テスト実施後は，結果について振り返る時間を設け，今回の記録と過去の記録を比較したり，記録の推移や自分の優れている種目などを明らかにしたりしている。テスト結果をレーダーチャートやグラフに表し，自らの目で確認できるようにすることで，記録の伸びや生活と運動の関係がわかりやすくなり，次の取組に向けての動機付けや自信の高まりにつながっている生徒も多い。

③ 自らの課題に応じた運動を選択し，体力を高める「サーキット運動」

②の体力テストで自らの体力について理解した生徒たちは，冬季間の運動習慣の形成と

体力の向上を目指して，体育館や廊下を使ってサーキット運動を行っている。サーキット運動は，いくつかの運動種目を組み合わせることで身体全体の筋力（体力）を高める運動効果がある。また，あらかじめ決められた運動を繰り返し行うため，運動に対して見通しをもちやすく，生徒にとって主体的な取組になりやすい。

運動の内容は，自らの体力や目標に合ったものに取り組めるよう，運動の強度に応じて「ハイ」「ミドル」「ソフト」の三つのコースを設定している。コースの決定については，オリエンテーションで各コースの運動内容や運動効果の説明を受けた後，生徒自身が体力テストの結果を基に付けたい力とそのために必要な運動を確認し，「選択アンケート」を

		運動名	方法（やり方） ※運動距離は15m程度	運動効果
ハイコース（H）				
	①	アザラシ	うつ伏せの体勢で腕の力だけで前へ10m進む	腕の筋力の向上
	②	アヒル歩き	しゃがんだ姿勢で足首を持ち前へ進む	下半身の筋力の向上
	③	クマ歩き	「たかばい」の姿勢で前へ進む	体幹筋力の向上
	④	カマキリ歩き	後頭部で手を組み大股で前へ進む	脚の筋力，瞬発力の向上
	⑤	手押し車	足首をペアの生徒に持ってもらい，腕の力で前へ進む	上半身，体幹筋力の向上
	⑥	しこ	「しこ」の姿勢をつくりすり足で前へ進む	下半身の筋力の向上
	⑦	おんぶ	ペアの生徒を背負いバランスをとり前へ進む	下半身，体幹筋力の向上
ミドルコース（M）		運動名	方法（やり方）	運動効果
	①	アザラシ	うつ伏せの体勢で腕の力だけで前へ10m進む	腕の筋力の向上
	②	上体起こし	胸の前で腕を交差し腹筋を使い起き上がる（10回）	腹部，体幹筋力の向上
	③	バービー	スクワット，腕立て，ジャンプを一連の動きで行う（10回）	全身の筋力の向上
	④	ゴム跳び	膝の高さに張ったゴムを左右に跳び越す（10回）	脚の筋力，瞬発力の向上
	⑤	マットで前転	マットの上で前転を2回行う	巧緻性の向上
	⑥	ラダー	ラインを踏まないように素早く床を踏みつけ進む	瞬発力，巧緻性の向上
ソフトコース（S）		運動名	方法（やり方）	運動効果
	①	アザラシ	うつ伏せの体勢で腕の力だけで前へ10m進む	腕の筋力の向上
	②	フラフープ	腰のフープを床に付けず左右どちらかに10回まわす	胸部，体幹筋力の向上
	③	縄跳び	前回しや二重跳び等の跳び方を20回行う	全身の筋力の向上
	④	ペットボトル巻きまき	水入ペットボトルを重りにした紐を巻き取る（0.5～1kg）	脚の筋力，瞬発力の向上
	⑤	ボールハンドリング	腰の位置でバスケットボールを左右10回ずつまわす	巧緻性の向上
	⑥	ラダー	ラインを踏まないように素早く踏みつけ前へ進む	瞬発力，巧緻性の向上

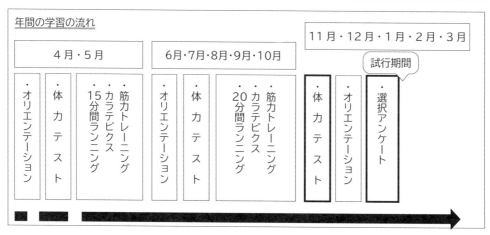

年間の学習の流れ

実施している。最終決定までには，実際に体験してみる試行期間を設けていることや，途中でも目標達成や体力の高まりに応じ他のコースに変更することも可能にしている。

生徒の中には，自分は腕の力が弱く，もう少し筋力を付けたいと考え，腕の筋力を高める運動種目が多くあるコースを選んだり，筋力の高まりを感じ，さらに高い運動負荷を希望したりする生徒もいる。

④ 身体の動かし方や体力を高める「カラテビクス」

本校高等部には，運動に苦手意識のある生徒だけでなく，力の入れ方や力を調節することに課題のある生徒，腕や脚などの動きがぎこちない生徒が多く在籍している。それらの課題の改善をねらうため「カラテビクス」という運動を行っている。「カラテビクス」は，エアロビクスダンスと空手の動きを融合させた本校独自の運動種目である。空手は全
身運動であるともいわれ，突き技や受け技の動きは肩甲骨回りの筋肉を，蹴り技は股関節回りの筋肉を様々な角度に動かす。その動きはどちらかの方向だけに偏ったものではなく，左右均等な動きになり，身体をバランスよく動かすところに運動効果があるとされる。また，柔軟性を向上させるとともに，自分の身体をコントロールする能力も高められる。年間を通じて実施しているが，男女問わずこの運動には興味・関心が高く，積極的に受け技や蹴り技などの動きを覚えようとする生徒も多い。また，運動に対して消極的な生徒も，音楽を流しながら行うことで自然とリズムに合わせ体を動かそうとする姿も見られている。

【カラテビクスの動き】

「① 突き」→「② 前蹴り」→「③ 横蹴り」→「④ 上段受け」→「⑤ 中段受け」→「⑥ フットワーク」→「⑦ フットワークと突き」

3 考察

本校では「セルマネノート」を使った振り返りや，体力テスト，サーキット運動をはじめとする運動を組み合わせて行うことを通して，自己理解を深めながら体力の向上・運動習慣の形成を目指してきた。その結果，自らの心と身体の変化に気づき関心がもてる生徒や，自ら生活を整えようとする生徒が徐々に増えてきているなどの成果が見られている。その反面，運動や身体に関心をもちにくい生徒や意欲が継続しにくい生徒に対しての指導方法が課題である。

今後もこの取組をPDCAサイクルで評価しながら進め，自己理解・自己決定をキーワードに，生徒が自らの身体や生活習慣に関心をもち，主体的な取組となるような学習内容や，運動の成果を実感し，自らの運動の成果を価値付けできるような振り返りの方法を考えていきたい。

〈山田 賢一〉

エアロビクスによる体力つくり

● 1 ● 取組の概要

　北海道白樺高等養護学校は，開校以来，社会自立に必要な力として，体力向上や作業に取り組む諸能力の育成を重視した教育を実践してきた。特に，継続した取組として，帯状に1校時目「体力つくり」を設定し，長距離走及びエアロビクス，筋力トレーニング（雨天時，冬季）を行い，筋力，持久力，調整力などを高める指導を行い，成果を上げてきた。また，運動後の自分の体と向き合う「振り返り」も重視して指導を行っている。毎日の体力つくりの中で，自分自身と向き合いながら努力することで，体力面だけでなく精神面の向上もねらっている。主な指導期間・内容は表1のとおりである。

表1 「体力つくり」の指導期間と主な内容

指導期間	内　容
5～10月	・2.5kmの長距離走（本校周辺のアップダウンのあるダートコース）。終了後，2人組ストレッチ他 ・雨天時は，屋内でエアロビクス，筋力トレーニング
10～5月	・エアロビクス及び筋力トレーニング

● 2 ● 指導の実際

① ランニング，集合，整列，挨拶

・整列の時間まで，体育館に入った生徒から順にランニングを行い，体を温める。
・チャイム音で行動を切り替えるなど，一人一人が活動の節目を意識した整列を徹底。

② 目標の確認

・目的意識を明確にして取り組むことで，動きの変化が期待できるように配慮する。

③ エアロビクス

・MT（メインティーチャー）は，元気よく演示し，生徒にエアロビクスの楽しさが伝わりやすいよう言葉掛けにも工夫する。基本的な動作は共通にしているが，指導者によって構成をアレンジして，生徒が多様な動きに対応することをねらいとする。
・ST（サブティーチャー）は生徒間に入り，一緒にエアロビクスをしながら生徒のコンディションや体調の変化を把握し，正しいフォームを促すとともに，生徒への意欲付けも同時に行う。
・音源は数種類用意して，130～145BPMで徐々にハイテンポになるよう曲を構成する。音源が変わっても，生徒がリズムを取れるよう指導する。

④ 終了後は集合，整列，挨拶。素早い動作で整列できるよう促す

・本時の学習の振り返りを行い，生徒が自分の体の成長を見つめるとともに，よい表情

を引き出して，1日のよいスタートを切れるよう雰囲気づくりなどを工夫している。

⑤ エアロビクスの流れ

1　アップ（6分）：基本的なエアロビクスの動作を行う中で，無理なく体を慣らしていく。
2　ストレッチ（立位）（2分）：「肩→腕→腰→大腿→アキレス腱」の順にストレッチを行う。
3　メイン（11分）：動きを数種類組み合わせ，連続技で難易度のある動きにも挑戦する。
4　体幹トレーニング（5分）：スクワットや体幹維持の運動により筋肉に刺激を与える。
5　ハイテンポ（7分）：ジャンプやキックなど，心拍数の上がる動きを中心とする。
6　徐々にスローテンポ（3分）：心拍数を徐々に下げながら，体をほぐしていく。
7　ストレッチ（座位）（5分）：リラックスできる曲にチェンジし，呼吸を整え，じっくりと自分の体の状態と向き合う。

写真1　MT（ステージ中央）と生徒の様子

写真2　楽しく体を動かす生徒たち

3　考察

　エアロビクスに初めて取り組む生徒の中には，羞恥心や真面目に取り組むことへの抵抗感を感じる生徒，リズムやテンポがつかめず体の動きが調整できない生徒もいる。そのような生徒も楽しく体を動かす経験を積み重ねることで徐々に慣れ，恥ずかしさや抵抗感がなくなり，エアロビクスの楽しさを実感できるほどの動きができるようになる。生徒全員がそろって踊る姿は一体感があり，一人一人の生徒が輝く場面でもある。ステージ上でMTと共に演示をする生徒は，人前で演示する喜びや自信，意欲にもつながっている。今後も楽しく汗を流しながら，体の調整力，協応動作など運動機能全般の向上が図れるよう，授業展開を工夫していきたい。

　また，体力つくりにおける「振り返り」は，生徒自身が体の状態（筋力や柔軟性，動きのきれなど）に気づくとともに，心理的状況の変化を捉えることで，自己理解につなげていくことができる大切な活動の一つである。そのためにも，体力つくりの意義や役割について全教員で共通認識を図り，MT，STの連携をさらに充実させ，生徒の内面を育てていくことも大切であると考える。最後に，年間を通した体力つくりを継続していくことにより，在学中のみならず生涯学習にもつながるスポーツへの意識を育み，生徒たちが豊かな人生を送れるよう，今後とも校内で研鑽を深めて生徒の成長を促進していきたい。

〈猪狩　由佳〉

自立活動における体力つくり
~将来を見据えた運動の取組~

●1● 取組の概要

　広島県立広島北特別支援学校の高等部第1学年普通科単一職業コースの生徒(男子12名,女子3名)は,月~木曜日の朝8：50~9：20に「体力つくり」として帯状の授業がある。本実践は,体育館でストレッチ,体幹トレーニング(7種目)を行い,次に晴天時は学校周りの外周走へ,雨天時は体育館での体つくり運動に取り組んできたことである。

　生徒の運動面に目を向けると,運動に対する意欲は高くなく,積極的に運動に親しむ姿勢が少ない生徒が多数見られる。運動の二極化が叫ばれている昨今において,まさにその一極に該当する生徒が多く在籍している。年度当初に計測した新体力テストの結果では,大半の種目で全国平均値を下回っている。生徒全般においては,筋力が全面的に弱いため,姿勢保持が難しく,立位時・座位時ともに円背姿勢となる生徒が多い。長年,その姿勢を無意識に続けてきたゆえに,首回りや肩回り,背筋群は拘縮してしまっている。

　他の面では,運動経験の少なさからくる運動動作の未習得や,粗大運動,微細運動等の身体の動かし方に困難さが見られ,初めての運動に対して意図した動きができないこともある。前述した円背姿勢のため肩関節の可動域が狭い,作業時に中腰姿勢を取れない,指先の細かい作業が苦手,などの課題をもっている生徒もいる。

　職業コースの在籍生徒は,軽度の知的障害(全員療育手帳B)であり,卒業後の進路として,全員が企業就労を目指している。そのため,姿勢の維持や作業遂行能力において,柔軟性や持久力,動作の機敏さが必要になってくる。

　外見の姿勢を改善させるために,ストレッチと体幹トレーニングを行い,持久力の向上のために外周走に取り組む。動作の機敏さを高めるために,室内での体つくり運動を行うこととした。その中で,雨天時に行った様々な体つくり運動で取り組んだ実践例を紹介する。

●2● 指導の実際

　生徒の実態を見てみると,運動が得意ではないが,競う,器具を使う,ペアで行う活動には意欲的に取り組む生徒が多くいた。そこで,ミニハードルやラダー等の器具を使った動きやゲーム形式の運動を多く行い,特に敏捷性を高めることをねらうこととした。

① ミニハードル(写真1)

　自分の身体をいかに調節して,思いどおりに動かせるかをねらいとして行った。ミニハードルは,ラダーと同様に,足元への意識をもって動く必要があるために,脚の着地点やまたぐ際の脚の動きを自ら調節しなければならない点で効果的である。

【両脚ジャンプ(正面,横向き)】

　ミニハードルを7~8台並べて,正面や横向きの状態から両脚ジャンプでミニハードル

を飛び越えながら進行方向に進む。両脚同時での踏み切りや着地，着地場所を意識できることが大切である。両脚を同時に動かす，自分の狙ったところに着地するということで，自己調整力を高めていくことができるといえる。足関節が固い生徒は着地時に大きな音が出ることが多いため，「静かに着地するよ」「やさしく着地しようね」等の言葉掛けを行うと足元への意識を高めることができた。

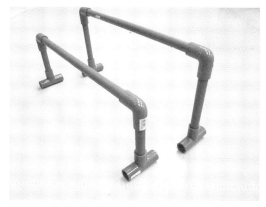
写真1　市販の塩ビパイプを組み合わせて作ったミニハードル。高さも生徒の実態に応じて変更可能

　敏捷性を高めるために床への接地時間を短くしたい場合，教師が手を叩く音に合わせて行うことでリズムを意識して行うことができた。

【片脚もも上げ（写真2，3）】

　一方の脚だけ，ミニハードルを越える際にもも上げをしながら進んでいく。もう一方はミニハードルの外側に着地する。さらに，脚を上げきった際に1秒程度静止することで動きにメリハリができ，思いどおりに動かす，止めることができるようになる。

　動かすということと止めるということは相反する動作であるが，動きを止めると

写真2　腰の位置まで膝が上がり，重心も中心にあるよい例

写真3　軸足側に重心が傾いてしまい，不安定な生徒への補助

いうことは，筋緊張しなければできないため，緩みやすい生徒には効果的である。

　ミニハードルを反復して取り組んでいくことで，ボディイメージやボディバランスを修正できるようになり，動きもスムーズになってきた。

② ボール取りゲーム

1　生徒は四隅に分かれ，スタートの合図とともに中央に置かれたボールを取りに行く（図1）。
2　取ったボールは，自分のスタート地点に置き，次のボールを取りに行く。中央には3個しかないために，相手のボールを取りに行く（図2）。
3　誰かがボールを3個集めた時点で終了（図3）。

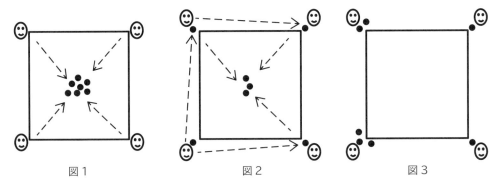

図1　　　　　　　　図2　　　　　　　　図3

　このゲームは単純な走力がゲームの勝敗を左右するものではないために，誰にでも勝てるチャンスがある。一瞬の判断力とその位置までの素早い移動が勝敗を分ける要素になる。自分がどこに移動するのかを判断し，自分の身体をいかに速く移動させられるかをねらったゲームである。

　③　シャトルランリレー

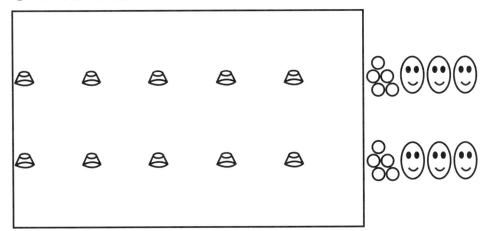

1　バレーコートの縦幅（18m）を利用し，4～5個のマーカーを置く。
2　第1走者はスタートの合図とともにボールを1個持って走り出し，手前のマーカーから順番にボールを置いていく。
3　すべてのマーカーにボールを置いたら，次の走者と交代する。
4　偶数の走者は，マーカーにあるボールを1個ずつスタート地点に戻す。
5　すべてのボールをスタート地点に戻したら，次走者に交代する。

　走行距離は1人当たり約100mとなるが，単純に100m走をするよりも往復する回数が多いために，切り返しや動き出しが必要になってくる。この切り返しや動き出しの回数を意図的に増やしたリレーである。身体の切り返しや動き出しを速めることが，身体を速く動かすことにつながることになる。また，チーム対抗のリレーにすることで，他の生徒からの応援を受けられるようになり，最後まで走り切る生徒が多かった。

●3● 考察

　1年間取り組んできた成果を生徒にも実感してもらうために，年度末に新体力テストの

6種目（握力，上体起こし，長座体前屈，反復横とび，50m走，立ち幅跳び）を計測した。年度当初の記録よりも更新した生徒の割合を示すと，握力（両手とも増）36%，上体起こし56%，長座体前屈11%，反復横とび73%，50m走47%，立ち幅跳び50%という結果となった。

特に反復横とびの割合が高くなったことについては，今回取り組んだ内容が一定の効果を得られたと考えられる。また，50m走においても，約半数の生徒が記録を縮められたということから，今後も継続して行うことで向上できる余地があると考えられる。

しかしながら，この結果から，安易に敏捷性が向上したとは言い切れない。その理由として，運動経験の少なさからくる運動動作の未習得であったものが，反復運動により動作に慣れたともいえるからである。つまり，動きに対してシンプルに動かせるようになったということである。今回，このような結果を得られたが，高等部段階になって今まで習得してきた身体の使い方を変えるというのは，無意識でやってきたことを意識して変えていくということであるから，多くのエネルギーを必要とするのである。だからこそ，幼少期段階において，様々な動きに触れ，正しい身体の使い方を身に付けていくことが必要であると考えさせられた。

そのためには，理学療法士や作業療法士等の専門家とも連携を図り，筋肉や関節等身体の仕組みやメカニズムについての理解を深めていくことも有効なアプローチの一つである。

運動経験の少なさからくる動きのぎこちなさや困難さは，運動を体験することでいくらか解消できることがわかった。ただ，その効果は一過性であるため，持続したり向上させたりしていくには，意識して継続することが必須になる。生徒の主体的な活動に結び付けるためには，本人の活動の様子を見せたり，記録を掲示したりするなど，生徒自身の変化をフィードバックできるように仕組むことで，より達成感を味わい，内面からの意欲につながっていくものと考える。

将来，主体的に運動に取り組み，健康的で明るい生活を営めるようになるために，運動をすることが楽しいと感じられるような機会を生徒に数多く与えられる指導を計画的に行っていきたい。

〈赤坂　卓哉〉

体育の授業におけるICTを活用した主体的な健康管理に関する取組
~タブレット端末を活用した「マイエクササイズ」での実践~

•1• 取組の概要

　この実践は東京学芸大学附属特別支援学校高等部体育の「マイエクササイズ」という取組において行ったものである。「マイエクササイズ」は週1単位時間，以下の3点をねらいとして展開している。

- ・自分の身体に対する認識を深め，自分のめあてに合った運動プログラムを選択することができる。
- ・適切なトレーニングの方法を習得することができる。
- ・家庭でも継続して運動に取り組むことができる。

　授業では，「ダイエットグループ」と「マッスルグループ」の2種類のグループを設定し，年度初めにデモンストレーションや体験を含むオリエンテーションを生徒が受け，興味・関心，自己の体調，健康面の課題や必要性，なりたい体型などから生徒自身がグループを選択し，年間を通して同じグループで取り組む。それぞれのグループで筋力トレーニング，有酸素運動，ストレッチなどの運動種目に取り組む。学校での実践とともに，夏季休業や冬季休業などの長期休業中の家庭での実践についても指導し，併せて在学中や卒業後の運動習慣の形成もねらった取組である。

　この実践では，「ダイエットグループ」の生徒のうち3名を対象として取り組んだ。3名は，毎月の学校での体重測定等から自分の体重を気にしており，自ら「ダイエットグループ」を選択した。3名は体脂肪率が高めで，肥満傾向が見られる生徒である。

　原他（2001）は，知的障害のある児童は健康に対する意識や意欲が低いこと，肥満指導には個々の障害の特性を考慮した特別の教育的配慮が必要であることを指摘している。

　これらの肥満対策として，運動の必要性を挙げることができる。健康管理について，運動の果たす役割は大きい。運動習慣を身に付け，一定の運動量を確保することは，肥満をはじめとする生活習慣病の予防的対応の一つの方法と考えることができる。

　本校においても，肥満傾向の生徒が複数見られるなど，健康管理について課題をもつ生徒が多く見受けられる。本校では，毎月1回体重と体脂肪率を計測し，注意が必要な生徒について，家庭への連絡，助言を行っているが，運動習慣と関連付けた取組は十分とはいえなかった。そこで，運動する機会を支援するツールとして，タブレット端末を用い，運動機会の確保や運動習慣の形成を目指した取組を行った。

•2• 指導の実際

① 指導の展開

　指導においては，「授業－家庭－授業」というそれぞれの場面を関連付けながら展開した。

授業で	→	家庭で	→	授業で
・イントロダクション ・エクササイズ		・エクササイズ ・モニタリング		・振り返り ・評価 ・次回への動機付け

② 教材

使用した教材は以下のとおりである。

- タブレット端末（iPad）
- 有酸素運動（エアロビクス，自作教材）の動画
- 活動量計（消費カロリーや歩数，活動リズムなどが計測できる。写真1）
- 自主制作したアプリ（運動前後の消費カロリーの入力画面〔写真3〕や，準備運動，整理運動の動画，「イージー」と「ハード」の2種類のエクササイズの動画〔写真5〕，運動するとアイテムをゲットできるごほうび画面〔写真6〕を用意）

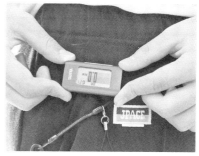

写真1　活動量計

③ 授業でのイントロダクション

オリエンテーション後，「ダイエットグループ」を選択した生徒3名に対して，

- 自身の身長，体重などをシートに記入（自分の身体の状態について把握）。
- どのような体型や体つきになりたいかを考える。
- 運動の有効性や効果についての説明を聞く，考える。
- 「マイエクササイズ」での取組について理解する。
- タブレット端末や活動量計の使用方法の説明を聞く。

というイントロダクションを行った。

また，エクササイズ時には，活動量計を腰部に装着し，

- 運動前のカロリーをタブレットに入力（写真2）。
- タブレットの動画を見ながら準備運動。
- タブレットの選択画面でやりたいエクササイズを選択。
- 再生された動画を見ながらエクササイズ（写真4）。
- タブレットの動画を見ながら整理運動。
- 運動後の消費カロリーをタブレットに入力。

というような流れでエクササイズに取り組んだ。

④ 家庭での取組

朝起きると，活動量計を腰に装着。活動するごとにその数値をチェックする様子が見ら

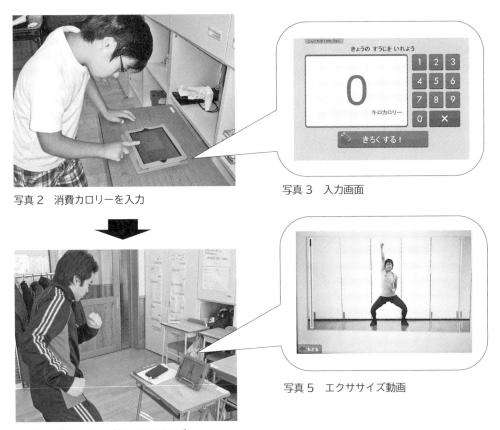

写真2　消費カロリーを入力
写真3　入力画面
写真4　動画を見ながらエクササイズ
写真5　エクササイズ動画

写真6　アイテムゲット画面

れた。家庭ではiPadを使って,「体操→エクササイズ→体操→数値の入力」といった流れが身に付いて,自分でエクササイズに取り組む姿が見られるようになった。また,アプリの記録画面の後に示される「アイテム」をゲットし,そのバージョンアップを楽しみにし,学校でも生徒から教師に対し,うれしそうに報告する姿が見られた。

　保護者からは,「帰宅後や土日など,なかなか自分から体を動かすことが少ない我が子が自分から取り組んでいるのでうれしい」「どこでも手軽にできるので子供に任せている」「操作は子供がすぐに覚えた」などの感想が聞かれた。

また，インターネットを介して家庭でのエクササイズの結果を教員が把握できるシステムを作成した（図1）。これにより，夏休みなどにエクササイズの頻度や消費カロリーを見ながら，適切なアドバイスをフィードバックできるようになった。

⑤ 活動量や歩数の変化

消費カロリーや歩数を分析すると，Aさんは従来の生活に比べ，iPadを活用した日のほうが500kcalほど消費エネルギー量が多かったという結果や，Bさんは1日の歩数が普段よりも3100歩も多く歩いた（活動した）という結果が得られた（図2）。

図1　モニタリングの仕組み

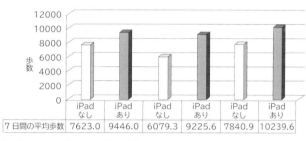

図2　7日間の平均歩数（歩）

3 考察

本校の卒業生を対象とした調査（2006）では，卒業した後の余暇活動は「一人で」「室内で」過ごす活動が多いという結果が示されている。このように，知的障害者の多くは，運動機会に十分恵まれているとはいえない。しかし，タブレット端末は軽量で，持ち運びが容易であり，活動場所に制約が少ない。また，マウスやキーボードを使った入力作業がなく，タッチパネルで直感的に操作できるので，障害のある生徒も操作方法をすぐに覚えていた。スタンドを立てれば画面も見やすく，ツールとしての親和性があると考えられる。

このようなタブレット端末を用いたエクササイズを行うことで，運動の機会に容易にアクセスし，運動量を確保できると思われる。今後はエクササイズのバリエーションを増やすことや活動結果を友達と共有する方法についても検討し，より楽しく運動できる仕組みについて考えていきたい。

〈尾高　邦生〉

〔参考文献〕
・原美智子，江川久美子，中下富子他「知的障害児と肥満」，『発達障害研究』第23巻第1号，2001年
・『東京学芸大学附属養護学校研究紀要』51号，2006年
・『東京学芸大学附属特別支援学校研究紀要』52号，2007年
・尾高邦生他「ICTを活用した体育の授業づくり」，『東京学芸大学附属学校研究紀要』第40巻，2013年

陸上運動「障害走」における動きづくりの取組

● 1 ● 取組の概要

　日頃保健体育の授業を担当する中で，生徒たちが自分の体への意識が薄く，体の各部位の使い方のぎこちなさや苦手さを感じることが多くあった。今まで楽しく運動した経験や運動する機会が少なかったこと，適切な体の使い方を学んでこなかったことなどがその理由として考えられる。そこで，生徒が体を動かすことを楽しみ，運動が好きになるように，生徒の実態に合わせて授業内容や方法を工夫することにした。

　具体的には，授業の主運動の前の準備運動や補助運動がその後の主運動に結び付くように授業の内容を考えた。特に，自分の体の各部位を意識して動かしたり，いくつかの動きを組み合わせて動かしたりできれば，生徒にとってより楽しく達成感を味わうことができるのではないかと考えた。ここでは，平成27年度に行った陸上運動の障害走の取組を紹介する。

①　対象生徒とその実態

　愛知県立半田特別支援学校高等部第3学年の生徒数は67名である。保健体育の授業は，課題別にA～Dの四つのグループに分けて行い，私は，男子11名，女子4名の15名のCグループを担当している。

　生徒の多くは，体を動かすことが好きで保健体育の授業を楽しみにしており，授業内容を概ね理解し，自分から簡単な運動に取り組むことができる。しかし，中には気持ちの浮き沈みにより授業に意欲をもって参加することが難しい生徒もいる。

　障害走の導入「ハードルのまたぎ歩き」では，ハードルの前で立ち止まってしまったり，なんとかまたいでも次の動きに移れず，動きが止まったりして「またぐ」と「歩く」という連続した動きが行えない生徒が多かった。

②　題材名及び授業の目標

・題材名：障害走
・目標：障害物をまたぎ越しながら走ったり，歩いたりすることができる。

③　授業計画

　本校では，保健体育の授業を週4時間（1単位時間40分）設定している。本題材は，9月から10月の中旬までの14時間完了で計画し，指導者2名で行った。

● 2 ● 指導の実際

①　授業前の準備

　生徒の実態把握から，同時に二つ以上の動きの運動が特に苦手であることがわかった。そこで，正しい姿勢を意識できる運動を精選して行い，体の使い方を覚えたり，主運動を

一つずつの運動に分けたりして，生徒が理解しやすい展開を考えた。

授業では，プラスチック板（50cm×5cm。以降「プラ板」）や円形マーキング，ハードル（16cmと44cmの2種類の高さ）の教材を使用した。

② 準備運動

準備運動では，歩行やジョギングから始め，関節の可動域を広げる姿勢やフォームを保持し続ける筋力トレーニング，体幹トレーニング（大股歩き，大股からの腰ひねり，もも上げタッチ，つま先上げタッチ）などを丁寧に行えるように指導した。生徒がこれらの運動ができるようになったところで，次の段階としてリズムを意識する指導を行った。その際には，テレビで聞き慣れた曲を使い，口ずさみながら，リズミカルに体を動かすことができるようにした（写真1）。

写真1　もも上げの様子

③ 補助運動

補助運動の「大股歩き」では歩幅を意識し，「もも上げ」や「足上げ」では足の動きや歩調リズムを意識できるよう，プラ板や低いハードルを使った。準備運動で行った動きづくりを主運動に結び付けるため，プラ板を踏まずに歩幅を意識して走ったり，低いハードルに触れずにまたいだりすることを繰り返し行った。上手に取り組めたときは，すぐに称賛することで，少しずつ自信をもって補助運動に取り組めるようになった。

④ 主運動

自信をもって歩幅や足の動き，歩調リズムが整うようになると，生徒たちは積極的にまたぎ越し歩きや走りに取り組むようになった。さらに，技能が向上してくると，よりよいフォームで運動できるようになってきた（写真2）。

また，ビデオを使って自分の動きを目で見てチェックする時間も設けた。実際の自分の姿を見ることで，動きのイメージがしやすくなった。その後の授業では，またぎ方を意識して取り組む生徒が増えてきた。

写真2　主運動の様子

3　考察

生徒は初めの頃，「難しい」「できない」「自信がない」と，障害走に消極的に取り組んでいた。しかし，今回の準備運動や導入運動を主運動に結び付けた取組は，生徒に大変好評で，どの生徒も活動のポイントを意識して運動することができるようになった。また，スモールステップで一つ一つ達成しながら進めたことで，生徒ができたという自信をもったり，「できるかもしれない」と積極的に挑戦したりする姿が見られるようになった。

今後は，どの種目においても生徒の特性や実態，能力から種目特性や動作の細かい分析をし，生徒にとってわかりやすく，取り組みやすい運動を考えて，楽しく自信をもって運動することができるような授業づくりを行いたい。

〈原田　洋希〉

放課後自主活動としての陸上部
~全国大会出場,そして楽しく,長く活動することを目指して~

●1● 取組の概要

　平成24年度に全国障害者スポーツ大会に2人の生徒が出場したことをきっかけに,放課後15時から1時間,陸上部としての活動が始まった。生徒の自主的な参加に任せているので,「毎日参加」「曜日を決めて参加」「気が向いたときだけの参加」等,参加状況は様々である。毎年5月に行われる広島県障害者陸上競技大会や広島県障害者フライングディスク競技大会に出場し,3位までに入賞しメダルを獲得して自信をもった生徒,他の生徒がメダルをもらった姿や先輩の全国大会出場記念の大きな横断幕を見て,「メダルを取りたい。全国大会に出場したい」と意欲的になった生徒等,一人一人,自分の目標をもって練習している。

　また,障害者の大会だけに留まらず,市民が集う東ひろしま新春駅伝競走大会に出場するために10月後半から長距離の練習を行い,160チーム中100位前後でゴールすることもできた。

●2● 指導の実際

　陸上部の指導は,3月に広島県障害者スポーツ協会から5月の障害者陸上競技大会の要項が発表され,高等部の生徒に案内を配付するところから始まる。出場する意思はあるものの,種目を自分で決めることが難しい生徒には,これまでの練習の様子を参考にして参加種目をアドバイスすることもある。全国大

会出場を目指す生徒には,リレーメンバーになることも考えて100m走出場を勧めている。

　リレーは別にして,1人2種目出場できるので,4月からはトラック競技に加えて,投てき競技,跳躍競技に出場する生徒は練習を開始する。幸い,現在本校には両競技とも専門教員がいるため指導はできる。ただ,学校の砂場は狭く,すべり台が隣接し,助走路は直線で10mしか確保できない。こんな条件下でも広島県の「走り幅跳び　少年の部」の大会記録をもっているのはすばらしいといえる。

　また,5月の大会で大会新記録を出した生徒や100m走で好成績を収めた生徒3人を全国障害者スポーツ大会参加選手として,学校から推薦書を派遣実行委員会に提出する。6月上旬に選考結果が学校に届く。平成24年度から27年度まで,2人,2人,1人,2人と毎年選出されている。

　平成24・25年度は選出されたことで,指導者も生徒もある程度満足してしまい,大会

に向けて練習は積み上げたが，全国大会に出たというだけの結果に終わってしまい，メダルを獲得することができなかった。出場した生徒は全国大会のレベルの高さを知り，後輩たちにしっかりとそのことを伝えた。

3年目に全国大会出場が叶った生徒は，2年生の4月から全国障害者スポーツ大会出場を目指し，1500m走と800m走に絞ってレースを積み重ねた。中学校のときに同大会に出場して両種目とも4位になり，あと一歩のところでメダルを逃していたからである。高体連にも加盟して高校生と一緒に多くのレースをこなす中で「位置取り」「レース感」などを養うことができ，全国大会では1500m走で3位になり，メダルを獲得することができた。

これ以降，生徒たちは全国大会に出場するだけでなく，入賞する力を付けようと市内の記録会へも個人参加するようになり，専門的な指導を受けたり，レベルの高いレースに出場する機会が格段に増えていったりした。その結果，4年目も2人がトラック競技で好成績を収め，全国大会出場を叶えた。全国大会でのメダル獲得が2年続いたことで，自分たちもできるという気持ちをみんながもつようになった。

フライングディスク大会に関しては，本校に競技用具がまったくないため，陸上競技大会終了後にスポーツ交流センターにディスクとゴールを借りに行き，アキュラシー競技とディスタンス競技の練習に短期集中で取り組んだ。しかし，大会で多くのメダルを獲得して達成感は得られたものの，全国大会出場にはつながらなかった。ただ，生徒個々の達成レベルで楽しめる競技であるため，卒業後もずっと出場してほしいと思っている。

全国障害者スポーツ大会が終わると，校内大会に向けて長距離の練習が始まり，陸上部は放課後，駅伝に向けて走り込む。東ひろしま新春駅伝大会は部門別に分かれてはいるが，190チームが一斉に走る。常に他のチームの選手に囲まれて走るため，生徒は競走する楽しみを体験できている。

● 3 ● 考察

陸上部の生徒は卒業する前の日まで練習に参加している。他の学校の陸上部をイメージして「引退」を口にする生徒もいるが，「卒業まで参加していい」と言うと喜ぶ生徒も多い。3年間の部活動で終了することなく，卒業後も継続してほしい。

各種大会に積極的に参加してきたのは，①生徒の部活動に対するモチベーションを維持するため，②地域での活動発信として，③卒業後に集える場所として，など，三つの大きな目的がある。全国大会を目指すというのは①の中のほんの一部分である。学校生活を充実し，卒業後の生活の「生きがい」の一助になればと切に願って活動を継続している。

〈石ヶ坪　和義〉

陸上同好会（健康保持増進コース）の活動
～一人一人が楽しむスポーツを目指して～

● 1 ● 取組の概要

　熊本県立ひのくに高等支援学校は，県下唯一の障害の程度が軽度の知的障がいを有する生徒を対象とした高等部単独の特別支援学校で，開校15年目を迎えた。生徒は卒業後の社会自立・職業自立を目指して働く力や生活する力を身に付けるために，県下各地から，本校に入学している。平成27年度の生徒在籍数は1年生36名，2年生36名，3年生33名，計105名である。

　体育の取組としては，週に4日，朝25分間の全校でのジョギングタイムと，学年ごとに2時間の保健体育を行っている。放課後の体育的な活動として，陸上同好会の活動がある。陸上競技を中心に記録の向上，大会への参加を目的にした「競技力コース」と，様々な運動に触れ，スポーツの楽しさを味わう「健康保持増進コース」の二つに分かれて活動を行っている。指導のねらいは，体力の向上と生涯スポーツへつなげることである。在学中は毎朝ジョギングする時間があり，体力の向上につながっている。しかし，卒業後に自分でその体力を維持するための運動ができている生徒が少ないことが現状である。そこで，卒業後に社会人として大会等へ参加し，スポーツに親しめるような資質や能力を育むことも，陸上同好会の大きなねらいとして活動を行っている。

● 2 ● 指導の実際

　陸上同好会の中の「競技力コース」では，記録向上のための練習と，各種大会等への参加が活動の中心である。障がい者スポーツ大会はもちろんだが，高校総体や新人大会にも積極的に参加している。「健康保持増進コース」は，陸上競技にとらわれず，球技等も取り入れ，運動経験をたくさん積むことで，運動やスポーツを楽しめるようにすることを目標に活動している。その中の大きな取組としては，生徒たちが考える

写真1　競技力コースの練習風景

機会を多く用意し，チーム編成や，男女間での力の差をルールによってどう改善するかなどを，生徒同士で話し合うようにしている。

　やってみて，うまくいかないときもあるが，その失敗を次の話合いやルールの改善につなげている。そうすることで，やらされている運動ではなく，自分たちでやっている運動という意識付けが定着してきている。そして，大事にしているのが，どんな意見だろうと

吸い上げ，尊重することである。生徒が意外性のあるルールを考えたにしても，教師は「それ，おもしろいね」や「いいルールだね」と，必ず褒めるようにしている。このことで，多くの生徒が意見を出せる雰囲気になってきた。例えば，卓球の上手な生徒がおり，1人だけずっと勝ち続けていて，周囲の生徒にとってはあまり活動を楽しめない場面があった。生徒から，みんなが楽しめるよ

写真2　ルールを話し合っている様子

うにA君はラケット以外の道具を使うという意見が出てきた。A君の了承を得た上で何を使うのかと話し合い，スリッパや下敷きという意見が出た。それを採用し，やってみると，いつも負けている生徒も勝つことができ，みんなで楽しく卓球することができた。また，ただ「考えてみよう」だけでは，意見はなかなか出ないことが多い。そこで，教師も一緒にルールや工夫を考え，それを生徒とやりとりしながら，生徒が出した意見としてまとめるようにしている。

「健康保持増進コース」は生徒の自主性を大切にし，競技の既存の枠にとらわれず，ルールや道具を変えて活動している。そのような工夫をすることで，運動能力にかかわらず全員が楽しく運動できている。

3　考察

陸上同好会の「健康保持増進コース」の生徒が楽しく運動に参加できるのは，自主性の尊重が理由だと考える。生徒は本当におもしろい意見や楽しそうなルールを出してくることがある。このように運動を楽しめる経験や自分たちで工夫する経験を積むことで，卒業後にも運動をしてみようという意識が芽生えると考える。この自主性を尊重し，運動の楽しさを伝えることが，結果的

写真3　スリッパで卓球をしている

に生涯スポーツへとつながると考え活動を行っている。

そして，大きな目標としては，運動が楽しいと感じた生徒が，卒業後障がい者が参加できるスポーツ大会等への参加を通して，生涯スポーツに発展することである。それが，卒業後の体力の維持増進を図れることにつながる。そのためには，運動は楽しいものだと思わなければ絶対に継続しないということを「健康保持増進コース」の取組から学ぶことができた。

〈濱﨑　峻介〉

生涯スポーツに向けた市内マラソン大会参加への取組

● 1 ● 取組の概要

　愛知県立みあい特別支援学校高等部の部活動は，バスケットボール部，フライングディスク部，スポーツ部，美術部の4部で構成され，生徒が自ら選んで入部している。その中でスポーツ部は，陸上競技を中心とした様々なスポーツに取り組んでいる。登校時に毎朝行う朝練習と下校時に行う週2回の夕練習とがあり，スポーツ部の朝練習では，体力の維持向上をテーマに10分間自分のペースで走る10分間走を実施している。夕練習では，大縄跳び，陸上競技，サッカー，卓球，ダンスなど，年間を通じていろいろな活動を行っている。平成27年度は23名が在籍しており，どの生徒も楽しみながら部活動に参加している。スポーツ部は，生徒が3年間活動する中で，体力の向上や健康の保持増進だけでなく，仲間と一緒に身近でいろいろな運動に触れ，体を動かすことの楽しさを感じ，生涯を通じてスポーツをしたり見たりすることの足掛かりとなることをねらいとしている。

● 2 ● 指導の実際

　スポーツ部では，地域の取組にも目を向け，活動に参加している。冬季に実施される市内マラソン大会に向けた取組は，大会の約1か月前から実践的な練習を行っている。地域の大会に参加することは，卒業後も個人で参加ができ，生涯スポーツにつながりやすいと考えている。事前に検診を行い，必要に応じて実地踏査をしながら生徒それぞれに合った部門での参加をしている。

① 練習内容

	頻度	内容	主な目的
朝練習	毎日	1　アップ（200m×2周） 2　体操 3　スプリントドリル10種目 　・大股歩き 　・スキップ 　・ハイニーウォーク 　・ギャロップ　など 4　10分間走 5　体操	・足のつま先やかかとの使い方など，身体全体や一部をイメージしたり自らコントロールしたりするため。 写真1　スプリントドリルの様子

| 夕練習 | 週2回 | 1 移動・アップ
2 体操
3 農道30分間走（1km／周）
4 体操・移動 | ・大会同様のロードでの走りができることや，学校行事とは違う地域の大会への参加であることを意識しやすくするため。 |

② 主体的取組への工夫

使用道具	用　途
練習メニュー絵カード	・スプリントドリルで活用。絵カード帳になっていて，ドリルの内容が把握できる。
カウンター	・10分間走で活用。自分が何周走っているか自ら確認できる。
ストップウォッチ	・10分間走や農道30分間走で活用。残り時間や周回ラップを自ら確認できる。
ビブス	・農道30分間走で活用。参加する部門で色分けし，自分や友達が何周（何km）走るか把握できる。

3 考察

　毎年，市内マラソン大会に参加して生徒が「完走証」を眺めている姿や，仲間同士で健闘をたたえ合う姿を見ると，練習も含めて大会参加が生徒の充実感を促進しているのだと感じている。生涯スポーツを実現していくためには，生徒がいろいろなスポーツに触れられる機会をつくり，自分や自分の生活に合った内容で主体的に楽しめるスポーツを見つけていくことが大切である。

写真2　市内マラソン大会での様子

　この部活動を通じての大会参加も5年経過した。学校卒業後も，マラソン大会に継続して個人参加する卒業生も多い。平成27年度は6名の卒業生が参加しており，全員がスポーツ部のOB・OGであった。在学中の高等部での部活動がきっかけで走ることが好きになったこと，部活動でマラソン大会に参加したことで，卒業後も継続的なマラソン大会参加へとつながっていることがアンケート結果からわかった。生涯スポーツに向けた取組の成果だと感じている。走ることが大好きでスポーツ部に入り，目標をもって走り続けたことで，現在女子T20（知的障害クラス）中長距離パラリンピック候補選手となっている生徒もいる。生涯スポーツのきっかけとなるよう，今後も生徒が楽しく主体的に部活動に取り組めるよう工夫を継続していきたい。

〈長坂　利幸〉

小諸市駅伝大会
（1人3kmを6人で走る）
～「歩いてもいいから，たすきをつなごう！」を合い言葉に～

● 1 ● 取組の概要

　うすだ分教室開室から2年目となる平成27年度は，1年生4名，2年生5名が在籍している。「マラソン」（長距離走のこと。以下「マラソン」）の時間は，週4日間，毎朝15分間設けており，天気のよい日は，近くの農道コース（1周約900m）を約15分（約3周）走り，悪天候の日は，校舎内または体育館で体力づくりを行っている。

　小諸市駅伝大会には，小諸養護学校本校が10年ほど前から参加している。アップダウンがある山道を1人3km走り，6人で1チームの駅伝大会である。毎年小学生から一般までの70チームほど（400名くらい）が参加する大会である。初参加の際には，チームの人数を増やし，1人の走る距離を短くすることでの参加を相談したところ，認められ，それ以降毎年，希望者を募りオープン参加している。

① 「マラソン」における指導のねらい
・体力向上
・精神面での強さを養う。
・生涯スポーツとして余暇活動へつなげる。
・毎朝1人で走る時間を設けることで，自分と向き合う時間とする。

② 駅伝大会参加についての指導のねらい
・チームでたすきをつなぎ，仲間との和を深める。
・地域や参加者のみなさんに特別支援学校の生徒の様子・がんばりを知らせる。
・沿道での声援や仲間の声援を受け，自分の精一杯の力を発揮する経験をする。

● 2 ● 指導の実際

　分教室1年目は，女子5名でのスタートだった。真面目で何事にも一生懸命取り組む生徒たちで，「マラソン」においても，ひたむきに時間いっぱい走っていた。そこで，「マラソン」のがんばりを発表できる場として，県障がい者スポーツ大会（陸上），小諸市駅伝大会への出場を提案したところ，全生徒が出場を決意した。そして，さらに意欲的に練習に取り組んだ。県障がい者スポーツ大会では，全員がもてる力を発揮し，「来年はもっと記録を伸ばしたい」と満足のいく結果を出し，2週間後に行われる小諸市駅伝大会に向けての大きな活力となった。しかし，山道を1人3km走る駅伝は，未経験のため，大会当日まで弱気な発言があった。そこで，今までの練習と努力を発揮し，仲間とたすきをつなぐことの楽しさを実感してもらいたいと，担任自らもチームの一員として走ることにした。また，不安を抱える生徒には，コースの下見を2回行い，不安感を払拭できるようにした。そして，「歩いてもいいから，たすきをつなごう！」を合い言葉に，練習に励んだ。

当日は，最下位ではあったものの全員がたすきをつなぎゴールすることができた。「沿道での応援がうれしかった」「歩いてしまったけど，最後まで走れてうれしかった」「苦しかったけれど，一度も歩かなかった」と満足のいく表情だった。生徒にとって大きな自信と経験になり，次年度に向けての目標をもつことができた。

1年目　最下位だったがたすきをつなげた

そして，開室2年目の平成27年度は，県障がい者スポーツ大会を分教室の体育的行事と位置付け全員参加とした。4月からの「マラソン」で基礎体力を付け，6月から参加種目別での練習を積み9月の大会に臨んだ。全員が自分の精一杯の力を果たし，「緊張したけどがんばれた」「他の人が速くて負けて悔しい」など喜びあり，悔しさありのよい経験ができた。

個人種目でのスポーツ大会を終え，次は団体での駅伝大会に向けて，練習に取り組んだ。2チームのエントリーで，1チームは分教室の6名で，もう1チームは本校生徒との合同チームで，オープン参加とした。チーム名，走順を自分たちで決め，「歩いてもいいから，たすきをつなごう！」を合い言葉に，練習にもさらに意欲的に取り組んでいた。

本番では，全員がたすきをつなぎ，ゴールすることができた。「苦しかったけど，次の人にたすきを渡せてよかった」「小学生に抜かされて悔しかったけど，がんばった」と，みんな安堵と満足気な表情だった。

走ることが苦手な生徒も「短い距離だったら」と，分教室9名全員が駅伝大会に参加できたことは，大きな成果だと思う。本番前の緊張感，終わった後の満足感は，大会に参加したからこそである。また，走り切った後の

2年目　9人全員が参加！　走り切った！

仲間や家族からのねぎらいの言葉も，次へのエネルギーとして導いてくれていると感じた。

● 3 ● 考察

個人競技での県障がい者スポーツ大会（陸上）と，苦しくても仲間にたすきをつなぐ駅伝大会。どちらも経験し，大きく成長した生徒たち。長距離走が苦手な生徒も，仲間がいたから参加を決め，最後まで走りきることができた。大きな舞台が初めての生徒ばかりだが，大会を経験するごとに逞しくなり，自信を付けていったように思う。

次年度も新1年生と共に，1人のがんばりが仲間と共にさらなるがんばりにつながる「マラソン」の時間にしたい。たかが15分，されど15分。毎日の15分が実を結ぶ経験の場を設定することが私の役目だと思っている。

次年度の駅伝大会は，保護者＆職員チームも参加し，一緒に汗を流し，苦しさや楽しさを共感したいと考えている。そして，次々年度以降は，卒業生での1チームも参加し，大会当日に再会できることを夢見ている。

〈工藤　由里〉

第23回青森県障害者スポーツ大会に向けた取組について

●1● 取組の概要

　青森県立黒石養護学校にはグラウンドがないため，隣接するもみじ学園（知的障害児入所施設）の園庭を借用してスポーツ大会に向けた練習を行っている。トラック1周が約108mであるため，試行錯誤しながら練習しているが，生徒たちは熱心に取り組んでいる。今回は，平成27年8月30日に青森県総合運動公園陸上競技場で行われた大会に向けた練習として，夏季休業中に取り組んだ内容について紹介する。出場した競技種目は，50m，100m，200m，リレー，ソフトボール投げ，フライングディスクである。

●2● 指導の実際

　大会参加のねらいは，「練習の成果を発揮すること」「大きな大会の雰囲気を感じたり，いろいろな種目を見学したりして経験を広げること」を主としている。練習の実施回数は，夏季休業中の6回，休み明け放課後3回の合計9回であった。参加者は，高等部1年生2名，2年生1名，3年生3名の計6名で，一日スポーツ保険に加入して実施している。

　心や体が不安定になると体調を崩したり，健康面でトラブルが発生したりするため，日頃から活動に見通しをもって練習に取り組めるようにしている。また，グラウンドが十分整備されていないため，安全優先で行うことを常に念頭に置いて指導に当たった。平成27年の夏はとても暑く，練習中の熱中症がとても心配された。対策として，①日陰に休憩所をつくる，②20〜30分くらいでこまめに水分補給をする，③水分及び冷凍おしぼりの準備，④丁寧なウォーミングアップとクーリングダウン，を行った。

　指導に当たっては，基本練習と種目練習の二本立てとし，同じ流れを繰り返して活動に見通しをもてるようにした。また，示範を多く取り入れて技能面の理解を促したり，教員が練習相手となる場面や上級生がリーダーとして活動するようにして意欲の喚起を図ったりした。リラックスして楽しい空気で練習できるように，常に肯定的な言葉掛けを心掛けた。実際の指導内容及び工夫点については以下のとおりである。

　① 基本練習
　・ランニング，体操，基本運動，流し，2km走　等
　② 種目練習
　・流し，スタートダッシュ，タイム取り，バトンパス，遠投　等
　③ 工夫点
　・教師が実際によい例と悪い例を示し，考える場面をつくった。
　・教師が一緒に競走して意欲を喚起し，タイム向上とフォーム改善を目指した。
　・写真や動画で上手な人と自分の動きを見比べて確認し，イメージと実際の動きを近づ

けるようにした。
- ソフトボール投げでは，自己最高記録の地点をカラーコーンで示したり，毎回記録用紙に記入したりして意欲付けを行った。
- 実際に示範したり，互いに見合ったりして，バトンパスの重要性やタイミングを教えた。

- 基礎練習では，アップを長めに取って，ロングジョグや体操，流しなどを必ず行うようにして，けがの予防と持久力のアップを心掛けた。

- スキップやスタートダッシュのときに地面に目印を付けて正しい足の位置を示した。
- バトンパスは，正確さとタイムロスを軽減することを最優先にするためにバトンは持ち変えず，1，3走者は右手，2，4走者は左手と固定して行った。
- スタート後にトップスピードを維持するために，すぐに目線を上げて上目遣いで走らないようにした。
- 走るときに脚や腰に悪影響を及ぼさないように，日頃から背中を真っすぐにしたよい姿勢を心掛けるようにした。
- 体操時は効果をさらに高めるために，息を止めない，反動を付けずにゆっくりした動作，ストレッチしている筋肉がどこかを意識することなどを行った。
- 全体での体操やウォーミングアップとクーリングダウンでジョギングするときに，3年生を先頭にし，後輩の模範になるようにした。
- できていることを褒めてモチベーションの向上を図った。

3 考察

　保護者の協力もあり，生徒たちは安心して練習に取り組むことができた。また，意欲的に練習を行い，期待感をもって大会当日を迎えることができた。練習に卒業生が参加する機会があり，練習への姿勢や卒業後の生活を知ることができ，在校生にとって身近なよい見本となった。卒業生にとっても，後輩と交流することで，お互いによい刺激となっていた。また，進路先から大会に参加している卒業生もおり，余暇活動につながっていると感じた。

　体をイメージどおりに動かすためには，体つくりが第一条件である。普段から家庭や関係施設，学校などが当たり前のことを着実に繰り返していく中で，生徒は安心感を得られ，どんなことにも全力で取り組んでいけるのでないかと考えている。

〈荒谷　隆史〉

高等部の実践

リレー競技における技術力と精神力の向上を目指した指導と支援
~北海道障害者スポーツ大会（4×100mリレー）に向けた取組を通して~

•1• 取組の概要

　北海道新篠津高等養護学校の陸上競技部は，毎年道内で行われる「北海道障害者スポーツ大会」に向けてトレーニングを行っている。毎年15名程度の生徒がエントリーし，特に4×100mリレーにおいては，過去10年間で6度優勝し，5年連続優勝も果たした。これにより全国障害者スポーツ大会で活躍する生徒も輩出するようになった。しかし陸上競技部に入部する生徒のほとんどが，陸上競技そのものが未経験であり，中学校時代に経験している選手はほんの少数である。また自信と目標を失っている生徒が多く，寄宿舎生活のために時間的制約もある。そのような厳しい環境の下で，大変拙い実践例ではあるが，技術論のみならず，心理的な側面等からも取組の一端をご紹介できればと思う。

•2• 指導の実際

① 初めの一歩を大切にする

　まず大切にしたのは，きっかけはともかく部活動そのものや陸上競技の世界に足を踏み込んだことに対して，惜しみなく讃えたことである。入部の条件に走るのが速いや遅いは一切ない。今まで経験がないがゆえに，スポーツのゴールデンエイジが埋もれてしまい，選手として一青年として，卒業後の長い人生を俯瞰するに，それは大変もったいのないことである。

② バトンパスの徹底反復，歩数

　リレーの勝敗は当然バトン渡しで決まる。バトン渡しは相手との呼吸だけでなく，彼らにとっては空間認知も大きな課題となる。そこでバトンゾーンでバトンを受ける生徒が，バトンを受け取るまでの歩数をしっかりと把握し，反復練習する指導を行った。

③ 「できない」を言わない，言わせない

　うまくバトン渡しができず，それが続くと生徒も苛立ちや焦燥感が出てくる。しかし指導者はバトン渡しの結果よりも，指導を聞き実践しようとする様子をしっかり評価し，次の練習につなげていくことを心掛けた。

　陸上競技に限らずどの世界でも，「できない」という言葉は自分に，そして周囲にマイナスの暗示をかけてしまう。陸上競技は集団競技であるという認識の下，指導者は生徒に否定的な言葉を一切使わず，そして生徒にも言わせ

ない指導を徹底し,「できない」のであれば,その原因を考えるようにする。その繰り返しの中で,生徒は自主的にメンバーで話し合ったり,バトンゾーンを使って確認し合ったりする場面が見られるようになった。大会直前には自然とバトンがスムーズに渡せるようになり,大会本番は流れるようなバトンパスが見られた。練習で失敗しても,否定的な言葉を用いない意識をもち,そしてその環境を選手自らつくることで,結果的に前向きな,かつ肯定的な考えをもつことができたようである。

④ 夏期合宿

本格的な陸上競技場で活動する生徒も少なくない中,学校周辺には第1種及び第2種公認競技場がない。部活動の練習も1週間に2度で1時間程度である。そこで集中的に公認競技場で練習することで少しでも感覚を覚えることと,部員同士の相互の親睦を図ることを目的に,夏期合宿を開催した。合宿は初めての経験の生徒が多く,競技場には多くの大学生や高校生,一般選手が練習しており,生徒にとっては大変刺激になったと同時に,競技場の使用方法といったマナーやルールについても学習することができた。また先輩と後輩が関係なく,寝食を共にしながら3日間を過ごしたことも,リレー競技で必要なチームの団結力の向上と思い出づくりにつながったと思われる。

3 考察

平成27年に行われた第53回北海道障害者スポーツ大会で,本校チームはAとBの2チームが参加した。Aチームは100m走の上位タイムで構成されたチームであり,この年に開催された第15回全国障害者スポーツ大会に派遣された北海道代表リレーチームよりもよい成績を収めるなど練習の成果を発揮し,優勝は想定の範囲内であった。一方,Bチームは陸上競技も初めての選手が多く,サブ的な選手が中心となるチームであったが,そのBチームも第2レースで優勝することができた。かつて走ることに苦手意識をもっていた選手が,他のチームに追いつかれないように,必死の形相でバトンを渡して責任を果たす姿に,体力的・精神的に大きな成長を垣間見ることができた。Bチームの優勝は顧問一同本当にうれしい限りであった。練習ではなかなかバトンが渡らずに,苛立ちが過ぎて諭される場面も何度かあったが,大会後の選手の表情は晴れやかで達成感に溢れ,入学当初に見られた自信のない表情は,そこにはなかった。観戦に来られた保護者の中には,逞しくなった我が子の姿に涙する場面も見られた。

競技は一瞬で終わる。しかしその一瞬のために,たゆまぬ練習を重ね,時には悔しさも味わうであろう。本校陸上競技部の全選手が,そんな尊い経験を積み重ねることで,これからの人生に輝きを与えていくことができるよう,計画的に指導を行っていく所存である。

〈成松 智也〉

リオデジャネイロパラリンピックに向けての取組
～陸上競技～

● 1 ● 取組の概要

私は日本知的障がい者陸上競技連盟で強化委員長の任に着いており，先のロンドンパラリンピックに参加させていただいた。12年ぶりに参加が認められた知的障害者のパラリンピックを目指す中で，知的障害を取り巻くスポーツの現状，部活動から競技団体や日本パラリンピック委員会（JPC）における事業までの取組を紹介する。

● 2 ● 国際大会参加に向けての選手の環境

① 環境の変化

選手にとっては，競技は職場や学校の理解に大きく左右される。様々な意味で家族，職場，学校のバックアップのある選手のほうが長く続けられ，強い。選手からの聞き取りと私の感じるところでの変化を以下の表に示した。

表1　ロンドンパラリンピック以降の変化

会社や職場の理解	・職場内で障害理解の深まりと拡大（国際大会に参加しやすくなった） ・日程的支援拡大（「そんなに休まれては困る」が少なくなった） ・一部の知的障害者雇用拡大 ・障害のある方の生きがいの拡大 ・国際大会増加による参加指導スタッフの不足
金銭面	・一部の都道府県や市町村強化助成金の交付 ・会社が負担してくれるケースも拡大 ・連盟強化費の増大

（2016年知的陸連調べ）

② 人的サポート

知的障害のある選手にとって，コーチや支援者の存在は欠かすことができない。指導に最適なコーチの条件は，陸上競技経験のある特別支援学校（知的障害）の体育科教員である。経験上，選手は合理的な練習を実践し，目標を喪失せず，継続一貫指導を受けることが重要である。また，東京パラリンピック開催決定以降は競技性が重要視されるようになってきた。コーチ以外に，総務，通訳，トレーナーなどのサポートスタッフも配置できるようになり，英語に不安のある教員だけではなくなったため，英語でのクレームやテクニカルミーティングにも自信をもって参加できることは，チームのアドバンテージを上げる上で大きい条件である。このように，パラリンピックにおいては，オリンピックと同様のサポート体制や専門性を必要とする時代となっている。

● 3 ● 指導の実際

ロンドン，リオ，東京を目指し直接指導してきた3名について述べたい。

① ロンドンパラリンピックに出場したA

【登竜門「愛ぴっく陸上大会」】

　Aについては2000（平成12）年から指導を始めた。愛知県立豊川特別支援学校に入学してきた生徒である。1500mを軸にした選手で，愛知県での知的障害養護学校体育大会（現：愛ぴっく陸上大会）や日本ID陸上競技選手権大会を皮切りに，2012年ロンドンパラリンピックに出場した。小さな大会から大きな大会へとステップアップしていった選手である。そのような意味でも，愛ぴっく陸上大会は愛知県内の知的障害特別支援学校で運営・開催し34年続く，全国を先駆けての大会で，すばらしい取組である。愛知県の選手はここから生まれると言っても過言ではない。ちなみに2016（平成28）年現在，知的障害陸上のパラリンピック重点強化選手の4名はすべて，この愛ぴっく陸上大会が初めての経験の場となっている。

【卒業後の学校練習】

　卒業後も部活動の時間に学校で練習をするというスタンスができあがった。学校も卒業生のがんばりを支援する態度を取っていただけたことは非常に有効であった。また，ロンドンパラリンピック出場の際には，部活の生徒に激励会をしてもらい，パラリンピックムーブメントの一端にはなったのではないだろうか。

【努力と根性「やり切る」】

　Aについては，ロンドンパラリンピックに出場はしたものの，パラリンピックへのノウハウがまったく存在しない状況で，私もまだ若く，気力と根性でAの指導に取り組んだ。今思うと，かなり練習量で追い込んだと感じる。当時でも量的にこんなにやってよいものかと自分でも思っていたが，自分の経験から出せるのは，目的の練習を「やり切る」。これだけは周りも呆れるほど執着して行ったことを覚えている。現在もAは世界ランキング8位である。

② リオパラリンピックを目指す5000m世界チャンピオンのB

【パスウェイと基礎基本】

　Bは豊川特別支援学校の部活動に入ってきた生徒であった。入学当初からずば抜けた素質をもっており，Aと同様に世界を目指すことになった。この頃，連盟では選手育成計画（パスウェイ）を作成しつつあり，強化ステージや年齢経験に応じた指導を系統立て実施していく準備を始めたところであった。また，高等部時代は基礎・基本とスピードを重視し，一生涯の基礎をつくっておくことを念頭に置いた。Bには自閉症があったため，Bが「聞く・聞き入れる」というスタンスを大事にし，「強く叱らない」ことを念頭に置いた。

【「覚悟」年間7回重点強化合宿】

　Bをはじめとするパラリンピックを目指す重点強化指定選手は，合計で年間7回ほどの強化合宿を実施している。国際大会に合わせて行うものもあれば，走り込み目的の場合もある。主に，後に述べるデータを参考にレースパターンを想定したシミュレーション，チームビルドが主な目的である。非常に多く感じるが，知的障害から生じる困難さを踏まえ

ると，回数については検討が必要である。選手もスタッフも日程的には覚悟が必要なところでもある。

【社会人チームとの連携】

卒業後は大手自動車会社に勤務している。進路指導部に最善の就職先を見つけていただいた。会社の陸上部では初めて知的障害のある選手を受け入れることもあり，打ち合わせをしながらBの卒業後の練習は始まった。具体的には，毎日の練習は会社で，大会の帯同と練習の方向性は私で分担した。そして，日本人で初めて陸上界における世界チャンピオンを出すことができた。現在は5000mでは4大会連続での真の世界チャンピオンである。職場で夜勤もしながら1500mでの挑戦をしている。

写真1　世界選手権5000m優勝

【科学データの活用】

後に述べるが，パラリンピックの重点強化指定選手には科学データを活用している。Wingate Testと乳酸値の推移により，そのシーズンの仕上がりが評価でき，レース展開の仕方や個別課題として提示している。

③　東京パラリンピックを考慮に入れて指導を始めようと考えているC

【新しい学校で新しい挑戦】

Cは豊橋市立くすのき特別支援学校に入学してきた生徒である。新しい学校で，教育課程も部活動もまだまだこれから大きく前進する新設の学校である。Cは能力も非常に高く持久力に優れ，愛ぴっく陸上大会では1000mでいきなり3位に入賞するなど，素質は非常に高い生徒である。新しい学校ということもあり，学校自体が運営に乗るまではと考えていたが，校長をはじめ担任の後押しもあり，C本人ががんばってみたいという気持ちが出てきている。今後，少しずつ東京やそれ以降を目指せる選手に育成できるように，計画的な指導・支援を考えている。

【指導者間連携】

現在は，学校の部活動の顧問，担任での目標の共有，指導内容の擦り合わせ，役割分担，技術共有などの連携を重要視し，複数名で指導している。具体的な目標としては，①基礎・基本の定着，②楽しさと喜び，③生きがい，の三つを目標にしている。具体的な指導としては，体育科や部活動の実践だけではなく，体育理論と映像提示も取り入れている。けがの予防はもちろんだが，合理的な運動の実践をし，世界を見据えて1回の授業に魂魄を込めている。まだスタートしたばかりであるが，今後に期待したい。

④　医科学サポートの取組から

JPCから，医科学情報サポートを受けている。中でも，映像解析，フィットネスサポート，心理サポート，栄養サポートを実施している。映像サポートでは，選手の走りや跳躍を解

析してフィードバックしている。映像を見たり，数値を提示比較したりするなど，まさに視覚支援そのものである。

アジア・オセアニア選手権大会では，予選のデータ解析をし，決勝レースに活用しメダル獲得をした。また，フィットネスサポートでは，継続的なWingate Testと乳酸値測定から知的障害のある選手の

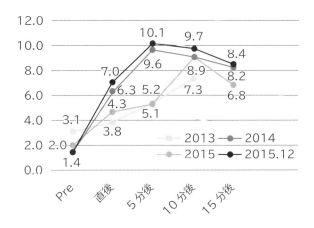

図1　BのWingate Test後の乳酸値の推移

傾向がよく理解できた。突き詰めていくと，まだまだ選手の真の力の発揮のさせ方には工夫が必要であると思うが，努力感と選手の能力発揮は脳科学や心理サポートとの連携作業で解決できると考えている。また，授業等でも持久的運動は特別支援学校でもよく取り入れられているが，ATP回路を意識した運動が少ないように思う。

小学部のときから全力を出し切る訓練がもっと必要であると考える。また，現在は，脳機能特性に基づいた知的障害のある選手指導について独自に研究を始めたところである。

4　考察

国際大会の帯同，競技団体の活動など，あまりの忙しさの中で教員を辞めてしまおうかとも考えていた。そもそもパラリンピックを目指しながら学校の教員もするというのは無理な話だと思っていたが，現任校の管理職や同僚に支えられていると強く感じている。国際大会帯同で学校にいないことのある私を受容していただき，この執筆の機会を与えていただいた中野弘二校長をはじめ，本校の先生方には感謝申し上げたい。

「一点突破全面展開」という言葉があるが，私が連盟の強化委員長になったとき，技術に関して「わからない」という言葉だけは言わないように決意した。そのため，陸上についての諸般を徹底的に研究した。現在は，学校以外の人とのかかわりや，団体運営といった視野の拡大，運動の合理的実践については次元が変わったと思えるまでになったと自負している。20年前，豊川特別支援学校の運動場で，知的障害のある生徒たちに陸上を教えていくことが「使命」だと感じたあのときのまま，生徒と一緒に研究を進め，リオ，東京，それ以降の選手の活躍と日常の授業やスポーツに寄与したいと思っている。

〈河合　正治〉

野球を通じた人間的な成長

●1● 取組の概要

東京都立南大沢学園軟式野球部は，平成23年10月に特別支援学校（知的障害）として全国で初めて日本高等学校野球連盟に加盟した軟式野球部である。

活動は，水曜日を除く平日は16～19時まで練習を行い，土日は練習だけでなく，他校との合同練習や練習試合を行っている。部員は野球経験のある生徒から未経験の生徒までおり，現在は20名の生徒が所属している。本校の生徒は軽度の知的障害があり，見通しがもてない状況，自分の気持ちや考えを相手に伝えることに苦手な傾向がある。

本校は生徒全員が企業就労を目指しており，企業就労に向けた取組や自立に向けた取組を行っている。そのため，部活動でも野球の技術や体力の向上はもちろん，コミュニケーション能力や考える力の向上に努めている。

●2● 指導の実際

本校軟式野球部の指導方針として，「生徒の障害特性を考慮した指導」「生徒が自主的に活動すること」を根底に指導を行っている。その上で，野球の技術や体力，コミュニケーション能力や自ら考える力の向上を目指している。

「生徒の障害特性を考慮した指導」については，在籍する生徒の特徴の一つとして見通しがもてない状況に対して不安が募り，落ち着かなくなってしまったりイライラしてしまったりする場面がたびたび見られる。これは，生徒自身では解決できない状況である。そこで，本校軟式野球部の指導方法として，練習開始の前に練習内容や予定の確認を行うこと，ウォーミングアップからある一定の練習までの流れをつくり，生徒自身が見通しをもって取り組めるようにしている。

練習内容や予定の確認を行うことで，生徒がその日に何を練習するのか，どのような流れなのかをイメージすることができ，見通しをもって活動に取り組むことができる（表1）。見通しをもって取り組むことで気持ちが落ち着き，意欲的に取り組み，集中力も高まる。集中力が高まることで，技術や体力の向上だけでなく，けがの予防にもつながるということを生徒は体感している。

「生徒が自主的に活動すること」については，決められた練習の流れで取り組むだけでなく，公式戦や練習試合の結果から自分たちの課題を考え，課題解決に必要な練習に取り組めるように，個人・グループで行う「課題練習」の時間を設定している。当初は目的意識が低く，仲間に合わせて一緒に練習することが多かったが，最近では練習内容やその練習を選んだ理由等，自分で考え，行動に移せる生徒が増えてきた。また，道具の数やグラウンドの広さ等，限られた環境の中で練習を行わなければならず，最初のうちは仲間のこ

表1 練習予定と内容

	月 （ソフトボール場）	火 （ソフトボール場）	木 （ソフトボール場）	金 （ソフトボール場）
16:15～16:25	ランニング，体操			
16:25～16:45	・アップラン ・キャッチボール			
16:45～17:00	内野：中継，挟殺／トスバッティング 外野：トスバッティング／外野ノック			
17:00～17:45	課題別練習	盗塁・走塁練習	バント・バント処理	シートバッティング
17:45～18:00	シートノック			
18:00～18:30	内野：素振り／トレーニング 外野：トレーニング／素振り			
18:30～18:50	片付け，着替え			

とを考えずに自分のやりたい練習ばかりを主張し，不満をもった生徒が何人もいたが，仲間と過ごす時間が増えることでコミュニケーションが取れるようになり，それぞれが練習内容を決定する前に仲間と相談し，道具の分担等を行うことができるようになってきた。

仲間とのコミュニケーションが増えたことを実感する場面として，試合中の仲間への言葉掛けが印象的である（写真1）。以前までは自分のことしか考えることができず，自分のプレーに一喜一憂し，仲間のプレーには関心をもつことができず，言葉を掛けたり励ましたりすることができなかった。しかし，少しずつコミュニケーション能力が向上してきたことで，仲間のプレーにも関心をもてるようになり，

写真1　仲間への言葉掛け

励ましの言葉掛けや指示の言葉掛け，お互いのよい部分や課題を伝え合うことができるようになってきた。また，練習中や試合中を問わず，「この場面ではどのように動けばよいのか」「今の自分のフォームはどうなっているのか」と教員に質問に来る生徒が増えてきた。「勝ちたい」「うまくなりたい」という野球に対する貪欲な向上心が，野球の技術や体力だけでなく，自分で考え，行動する力，仲間とコミュニケーションを取る力等，様々な部分で生徒を成長させている。

3 考察

本校軟式野球部の指導がすべて正しいとは言えないが，部活動での指導により様々な面で生徒が成長していることは事実である。今後，企業就労に向けて必要となる「時間を意識して行動すること」「挨拶や返事を徹底すること」「誰に対しても報告・連絡・相談等ができること」をより意識できるように指導するとともに，なぜそのようにすることが重要なのか考えることができるように計画的に指導・支援を行っていくことで，社会貢献できる人材となるよう願っている。

〈山口　篤史〉

全国障害者スポーツ大会を目指して
～バスケットボールを通じて育む「生きがい」～

1 取組の概要

　全国障害者スポーツ大会を目指した男子バスケットボール部の取組として，高等学校との合同練習，障害者スポーツ教室事業の活用，近隣の高等支援学校（特別支援学校高等部）との合同練習など地域とのつながりを生かした実践から，生徒たちが「生きがい」をもって活動し，卒業後もバスケットボールを続けている取組について紹介する。

2 指導の実際

① 部活動の創設

　北海道小樽高等支援学校は，平成21年度に開校した職業学科を置く高等部の単独校で，全校生徒は168名である。開校2年目に，趣味や特技の幅を広げることをねらう余暇活動の充実としてバスケットボール同好会を立ち上げた。週1回1時間程度の練習を行い，年1回開催される特別支援学校の交流バスケットボール大会に出場してきた。

　平成25年11月の大会後，中学校時代バスケットボール部に所属した経験のある生徒が「高等学校みたいな部活動をしてみたい」「もっと練習や対外試合をしてみたい」という願いを私たちに伝えてきた。1人の生徒の願いであったが，新設校ならではの「とにかくやってみよう」という雰囲気の中，試験的に部活動がスタートした。

　同好会より活動日を増やすために，平日の練習は週3回設定し，月1回の休日練習や冬季休業中の練習も試してみた。試験的な取組に対して生徒たちは休日の練習にも集まり，私たちの予想以上に真摯に取り組むことができた。これらの活動実績が認められ，新年度から部活動としてスタートすることができた。

　平成26年4月，男女合わせて17名が入部し，バスケットボール部がスタートした。中学校で部活動を経験した生徒が少なかったため，部活動をする際の心構えをもてるようにミーティングを行い，部の心得として四つの約束を確認した。

【継続は力なり】

・いつでも，どこでも，だれにでも，進んで挨拶と返事をしましょう。

・時間を守っててきぱき行動しましょう。

・周りの人に，感謝する気持ちを大切にしましょう。

・不平，不満を言わず，チームの一員としての責任を果たしましょう。

② 練習計画

　平日練習は月，火，水曜日の15：40～17：30に行い，休日は他校との合同練習や練習試合，卒業生も参加する練習などを行っている。

平成27年度 休日の練習計画・大会日程

月	休日の練習日	大会，練習試合
4	12, 29日	
5	2, 3, 4, 10, 17, 24, 31日	A高校との合同練習（2, 3, 4, 10日）
6	6, 17, 27日	札幌市障がい者スポーツ大会（7日） A高校との練習試合（27日）
7	5, 12, 18日 （休業期間練習7月27～8月18日）	I高等支援学校との合同練習（12日） 北広島ゆうあい大会（19日）
8	15, 16, 23, 29日	北海道障害者スポーツ大会（30日） 強化合宿（14～16日）
9	6, 12, 13, 19, 20, 27日	I高等支援学校との合同練習（27日）
10	3, 10, 11, 12, 17, 18, 24, 25, 31日	B高校との練習試合（3日）
11	15, 21, 22, 23, 28日	北海道特別支援交流大会（3日） 北海道障がい者スポーツ教室（22日） FID研修大会[1]（29日）
12	13, 20, 23日 （休業期間練習12月25～1月15日）	I高等支援学校との合同練習（23日）
1	17日	
2	7, 13, 21, 27, 28日	北海道教育大学との合同練習（13, 27日） I高等支援学校との合同練習（28日）
3	6, 21日	

[1] 北海道FID（知的障害者）バスケットボール研修大会

③ 障がい者スポーツ教室の活用

平成26年度から本校生徒を対象として，北海道障害者スポーツ振興協会主催の「障がい者スポーツ教室」を開催している。講師として北海道教育大学札幌校女子バスケットボール部（以下「北教大」）を招き，ルールや基礎技術等について学んだ。

北教大の学生を講師として選んだ理由として，地域の大学であることや，将来教職に携わる学生に生徒たちの活動を理解してもらうことなどが挙げられる。また，特別支援教育を専攻し，小・中学校の特別支援学級の教師になることを目標にしている学生もいる。

そのため，学生にとってはバスケットボールの指導者として必要な学ぶ場となるようにもすることを大切にしている。

これまで実施してきたスポーツ教室の内容として，平成26年度は「ゾーンディフェン

スの攻略」，平成27年度は「トラベリングを防ぐための動き」についての指導を受けた。
　本校生徒のニーズに合った練習内容の組み立てや，説明にモデリングを含めた丁寧な指導方法は，生徒たちにとってわかりやすく，「できるようになった」という充実感からバスケットボールの楽しさをより強く感じることができた。

④　高等学校との合同練習

　平成26年度から高等学校との合同練習を始めた。高等支援学校での勤務経験のある高等学校の先生との出会いから，合同練習を実施するに至っている。高等学校の男子生徒とは実力の違いがあることから，相手校の1年生と合同練習を行い，ハンドリング，ドリブル，ディフェンスのフットワークなど基礎的なファンダメンタルの指導を受けた。本校部員のほとんどが入学してからバスケットボールを始めているため，基礎的な練習の大切さを学ぶことができた。合同練習の成果の一つとして，自主的に朝練習をする生徒が増えてきたことが挙げられる。始業前の20分ほどの時間帯にドリブルやシュートなど基礎スキルの練習をするようになり，バスケットボールに対する意欲が一層高まった。これまで部活動に所属したことや一つのことに夢中で取り組む経験が少なかった生徒たちの大きな変容であった。
　高等学校との合同練習で課題となることは，高等学校側も大会に合わせたスケジュールがあり，技術面での実態差がある中で継続的に練習を重ねることが難しいことである。

　そこで，本校のセンター的役割で連携している学校など，本校の取組を理解していただける方々の協力で，平成27年度は複数校と年間で6回実施することができた。高等学校の練習を見て初めは唖然としていた生徒たちだったが，回数を重ねるたびに相手校の生徒ともコミュニケーションを取ることができるようになってきた。
　この経験から生徒たちが学んだこととして，部活動に対する姿勢や自主性の高まりが挙げられる。これまで部活動の経験がなかった生徒にとって，練習中に「ガンバ」と互いに励まし合ったり，仲間がミスしたときに「ドンマイ」と声を掛けたりするなど，自ら進んで言葉を発するようになってきたことは大きな成長である。身に付いた自主性が将来の自己実現に役に立つと期待している。

⑤　近隣の高等支援学校との合同練習

　平成25年の創部当時から，同じ地域にあるI高等支援学校との合同練習を続けてきた。部員不足の中，他校の生徒との交流は生徒たちにとってモチベーションを保つ上で重要なことであり，お互いのよさを学び合う場となった。また，日曜日に卒業生を誘って一緒にバスケットボールを楽しむ練習日も設定してきた。生涯にわたってスポーツにつながるよ

うに，練習日などの環境づくりを工夫してきたことで，両校ともに卒業生も含めた合同チームで大会に参加するようになっていった。

平成27年度には生徒たちが熱望していた合宿をI高等支援学校と合同で行った。お盆の時期に行うことで卒業生も参加することができ，「挨拶，返事，練習，感謝」の目標を掲げ，自主，自律を重んじた2泊3日の夏季強化合宿を実現することができた。

⑥ 大会結果

平成27年度は五つの大会に出場し，次の成績を納めた。

- 6月：札幌市障がい者スポーツ大会……準優勝
- 7月：北広島ゆうあい大会……優勝
- 8月：北海道障がい者スポーツ大会……優勝
- 10月：北海道特別支援交流大会……優勝
- 11月：北海道FID研修大会……優勝

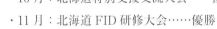

3 考察

創部2年目で優勝をつかみ取ることができたが，部活動の課題は継続することである。これまでかかわっていただいた地域の高等学校，大学，高等支援学校，さらには保護者，卒業生などの協力により，生徒たちはバスケットボールを続けることができている。中学時代不登校傾向であった生徒や，生きる目標をもてずに悩んできた生徒たちもいたが，バスケットボールを通じて出会った人とのかかわりの中で，少しずつ「生きがい」を感じるようになった。また，チームの一員としての自己有用感をもち，主体的に自分の人生を生きるように成長してきたと感じている。

今後の展望として，全国障害者スポーツ大会バスケットボール競技会出場に向けて準備を進めている。遠征費の負担など経済的な課題を抱えているが，卒業後も仕事とバスケットボールを両立できるように，職場での理解が進んでいくとともに，自己研鑽に励んでくれることを期待している。

〈濱　裕晃〉

バレーボールの実戦に より近いトレーニング
～1枚の汗拭きタオルからつかんだ感覚～

・1・ 取組の概要

　本取組は，東京都立板橋特別支援学校高等部の女子バレーボール部を対象に行っている。通年で活動を行い，週に2～3日60分程度，試合前には休日練習も行っている。短時間での活動のため，実戦練習を多く取り入れてしまうと基礎が疎かになり，ラリーが続かない，レシーブできないなどの課題が浮き彫りになる。そのため，練習始めに必ず基礎の練習を取り入れてから，実戦の練習へとつなげている。

　バレーボールの経験がほとんどなく，競技の名称や詳しいルールについて知らない生徒が多い。空間認知やボディイメージがつかみにくい課題があり，複数の動作を一度に整理することが難しいため，動きを細分化し，その動作を結び付ける支援が必要である。

・2・ 指導の実際「タオルを使用したオーバーハンドパスの練習方法～初期編～」

① 現状

　パスが前方へ行かず，後ろや左右に逸れてしまう生徒が多くいる。該当する生徒の多くには，下記の様子が見られた。

1　ボールの落下地点を予測できず，落下地点より前に行き過ぎてしまう。
2　ボールを最後まで見ていない。
3　手の平が天井を向いてしまう。
4　左右の手の動かし方にばらつきがある。
5　オーバーハンドパスかアンダーハンドパスか悩んでしまう。

　このことから，ボールに注視することができない，ボールの動き，下肢の動き，上肢の動きと複数の動作を同時に判断することが難しいなどの課題が見えてきた。2～4の改善方法として，タオルを使用した練習方法を取り入れた。

② 練習方法

　座位でフォームや上肢の動かし方の確認をすることとした。

　タオルを使用し，左右の腕を同時に動かし，タイミングよくボールをタオルの面でとらえるよう練習を行うことにした。

タオル

【A】

　2人組になり，1人は立位でボールを持つ。
　もう1人は，座位でタオルを準備する。
　タオルは，フェイスタオルを使用（写真参照）。両端を丸めて，30cmくらい伸ばした

状態にしておく。

　伸ばした部分が短いと持ち手に当たってしまう。長過ぎると両肘が離れ過ぎ，フォームが崩れてしまうので，個人に合わせて長さを調節する。

【B】

　立位の人は，山なりにボールを投げる。

　座位の人は，タオルの面でボールを弾き相手に返す。タオルのたるませた部分でボールをとらえるようにする。また，弾き返す際に，直線的ではなく山なりに返せるようにする。

【C】

　慣れてきたら，前後左右にボールを投げる。

　ボールに注視し，タオルの面をボールに向けるようにする。また，ボールが逸れても体幹が崩れないようにする。

Aの様子

フォーム

3. 考察

　上肢，下肢と動きを分けて確認することで，技術の習得が早まった。また，練習を続けることで，上にトスを上げられることが増えてきた。以前は，直線的なトスが多く，ラリーが続かないことがあったが，上に上げられるようになり，トス，パスをつないで相手コートに返すことができるようになってきた。

　生徒たちの目標も「相手コートに返す」から「3回つないで相手コートに返す」と意識が変化し，ラリーに対するモチベーションも高まった。今後も継続して取り組み，手首の返し方などを覚えていけるように支援していきたい。

Bの様子

〈櫻井　真菜美，猪狩　貴人，政岡　美穂，中嶋　安沙実，本吉　翔一〉

ラウンドゴルフ
～ユニホックのスティックを活用して～

● 1 ● 取組の概要

① **単元の扱い**
・東京都立練馬特別支援学校高等部3年生の保健体育の授業での実践。

② **期間**
・11～12月。週2回の授業で計12時間扱い。

③ **生徒の実態**

体力テストの結果と日常的なコミュニケーション力を基準に分けられた，3学年4グループ中の2グループに属する生徒。自閉的な傾向が強く，他者への意識が薄い生徒が半数を占め，整列時や活動時に集団に入りきれない生徒もいるが，そうした仲間に自ら言葉を掛けたりする生徒もおり，これまでの他の単元においても，落ち着いた雰囲気で授業が行われている。

④ **指導のねらい**
・道具の扱いに慣れ，状況に合わせて調整し，ボールを打つことができる。
・ルールやマナーを守り，対戦や自己記録の更新を楽しむことができる。
・仲間を意識して安全に活動しようとする。

● 2 ● 指導の実際

1　ラウンドゴルフは，原則として4人を1チームとし，順番にカップや的等に向かってボールを打ち，その打数の少なさを競い合うチームスポーツである。

2　競技は，方向指示マットに書かれた矢印をチームメイトと相談の上，カップ（的）に向かって合わせる。打撃方向が定まった時点でボールをセットし，1番打者が打撃する。

3　コースは，使用する場所によって異なるが，最低でも4人が打って1コース回れるような距離を設定する。

4　競技時間，コース数の設定は状況によって異なるが，道具の扱いに慣れた4チームが校庭を使用しラウンドしても，4ホールを40分程度で行えるように設定する。

主に使用する道具は以下のとおりである。

【スティック】
長さ　100cm
重さ　260g
素材　プラスチック製

【ボール】
大きさ　直径4cm程度
重さ　　30g程度
素材　　ウレタン
　　　　もしくはゴム

【方向指示マット】　　　【記録表】

大きさ　A4サイズ
素　材　ビニール製クリアケース
その他　ピンはラップの芯等を使用

授業展開例（10/12時間目）

導入 (10分)	・整列，挨拶をする。 ・ストレッチ，補強運動をする。
展開 (35分)	・各チームでリーダー，記録，スタートマット設定の役割を決める。 ・リーダーを中心に，コースを回る。 ・1コース終了したら打数を記録表に記入する。 ・4コース回ったら，チームの記録を報告する。 ・記録発表及び表彰を行う。
まとめ (5分)	・用具等を片付ける。 ・次回の予定を知る。 ・整理体操をする。 ・挨拶をする。

3　考察

　主活動だけでなく，準備体操や整理体操時にも積極的にスティックを活用できるようにした。また，リーダー，記録係等，自分たちで役割を果たしながら活動の終了まで進めていくことにも配慮しながら行ってきた。その結果，「生徒がわかって，自ら動ける授業」となり，「楽しみながら身体を動かす体育授業」として一定の成果が得られた。

　既存のルールや用具に「工夫」を加え，生徒がどのように，どれくらい活用できるかを想定し，授業を構想していくことの大切さを改めて実感することができた。単元終了後，生徒から「またやりたい」という声が多く上がった。

〈石川　敦士，井上　真登〉

創作ダンス
～コミュニケーション能力・表現力を豊かにするために～

• 1 • 取組の概要

　ダンスは，イメージを捉えた表現や踊りを通して仲間とかかわりながらコミュニケーションを豊かにすることができる活動である。埼玉県立浦和特別支援学校の生徒たちは，日頃から音楽を流して歌ったり踊ったりするなどダンスに親しんでいるが，ほとんどが個や特定の友達と楽しむことで終わってしまっている。また，指示には素直に応じられるが，自らの感情表出動作が少なく，気持ちや考えを伝えることに課題がある生徒が多い。そのため，自己表現を豊かにしてほしいと考え，体育で創作ダンスを取り入れた。創作的活動を通してコミュニケーション能力・表現力を伸ばすことをねらいとした。

　授業は，高等部同一学年の生徒36名（男子27名，女子9名）を対象に，1年次，2年次の9月から12月まで週1時間行った。また，文化庁による「児童生徒のコミュニケーション能力の育成に資する芸術表現体験」に応募し，振付家・アーティストの香瑠鼓氏を招いてワークショップ型授業を年3，4回行うことができた。指導は障害の程度で分けることなく，軽度から重度の知的障害を含む学年全体での集団指導で取り組んだ。創作活動のテーマは下記に示したような日常動作や学校行事，生活における経験，写真や絵などの映像を見てイメージしやすいものを設定し，即興的なかかわりを重視した。

●創作テーマ

　「走る・跳ぶ・転がる（回る）・止まる」「キャッチボール（大きさ，重さ，速さ，感触が様々なボール）」「自然：風・雨・虹・海」「探検：ジャングル，世界一周」「夏の思い出」「クリスマス」

• 2 • 指導の実際

　授業の流れを表1に示した。授業を展開するに当たり，障害の程度に合わせた以下のねらいを設定した。すべての生徒が，それぞれがもつコミュニケーション方法でかかわりながら共に経験を得て，自己表現が豊かになるように配慮した。

【軽度】主体的に仲間とかかわりながら，テーマから感じたことを表現したり，イメージを膨らませたりして動きを創出する。

【中度】感じたままに表現したり，教師

表1　授業の流れ

学習内容	留意点
集合・挨拶 内容確認	・見通しがもてるようにしてテーマを確認する。
体ほぐし	・ペアストレッチや円形コミュニケーションなどかかわりのある活動を行う。
創作活動	・教師主導の創作から，生徒主導の創作に移行していく。
発表 見せ合い	・仲間の活動を認め合えるようにする。
振り返り 挨拶	・ベストダンサー発表。

や仲間の動きを模倣したりして自己表現する。

【重度】集団の中で仲間からのかかわりを受け入れたり，意思を表出したりして活動する。

① 教師の動きの模倣：教員（リーダー）と生徒（全員）の関係での即興表現活動

初期段階に動きづくりとして取り入れ，教員主導による即興表現を行った。活動に慣れてくると，以下のような生徒の特徴が生まれてくるため，それぞれ示した支援を行う。

【ア　活動意欲が高くリーダー付近に密集して表現をする】リーダーから離れた位置の生徒が，動きを確認できないために近くにいる仲間の模倣を始め，動きが波及しながら生徒同士の関係が生まれることを意図して，集団の中に埋もれて目立たないように表現する。または，動きを止め言語指示に切り替える。動きを創出することが可能な生徒は，リーダーの役割をもち，仲間を意識しながら表現できるように動きのアドバイスをする。

【イ　リーダーから離れた位置で表現する。表現が小さい】表現活動への意欲が高まることをねらい，動きや表現を認め，褒めたり，みんなで模倣したりする。または近くに移動し，リードする動きとともに，言語により動きのイメージをもてるようにアドバイスをする。

【ウ　模倣が困難。刺激に弱い，他者意識が弱いなどの理由で集団に入ることが困難】集団の中心になるように移動して，思いがけない出来事に対する表出動作をねらう。また，模倣したり，他者意識をもったりできるように，体に触れて表現を支援する。

なお，イ，ウのような生徒に強い刺激を急に加えると活動意欲が減り，表現しなくなったり活動に入れなくなったりする可能性があるため，少しずつ働き掛けるようにする。

② 小グループ：軽中重度の生徒を織り交ぜた4～8名の活動。各グループに教師2，3名

教師の動きの模倣と同じように支援するが，テーマ理解を深め，個々の表現から集団でかかわりながら表現できるように，教師はストーリーをつくったり，役割をもたせたりする。

「アフリカ探検」では，集団から外れていた生徒を象役にして，探検隊のみんなで観察に行ったところ，怒った象に踏み潰される場面である。この後，象が探検隊の仲間に入り，生徒同士で声を掛け合うなど，共に探検するようになった。教員は集団から外れた生徒が自然と集団の中に入ることができるように支援する。

写真1　象に踏み潰される

3 考察

生徒のもっているイメージを聞きながら表現を行ったため，どのような表現が出るか予測が立ちにくく，イメージをもつことが難しい生徒への視覚的支援が不十分であった。映像を見ることにより，イメージが定着し，表現の幅を狭めてしまう可能性もあるが，イメージを即時提示できるように，ICTを活用できるとよい。

〈乙女　陽平〉

生徒とともに創るマスゲーム「京炎そでふれ…踊っ子祭り!」

● 1 ● 取組の概要

　大阪府立富田林支援学校高等部3年生の体育の授業で取り組んだ、体育大会のマスゲーム「京炎そでふれ…踊っ子祭り!」の様子を紹介する。

　平成27年度のマスゲームのテーマは「出会い」「仲間」「感謝」、タイトルは「京炎そでふれ…踊っ子祭り!」、作品構成は一部が「あおぞら班」中心の「ソーランイルージョン」、二部が「わかば班」中心の「千本桜」(和楽器バンド)、そして三部は合同の「京炎そでふれ」(京炎そでふれ総踊り曲)、という流れで約15分間の演舞を発表した。

　高等部3年生は10クラス、総勢80名の学年集団であり、日常的な体育の授業は2班(「あおぞら班」と「わかば班」)に分かれて実施している。

　あおぞら班には教員のサポートが必要な生徒が多く、わかば班は教員の指示を概ね理解して自発的に行動できる生徒中心の班構成となっている。

　高等部入学当初より、体育の授業で大切にしてほしいこととして、「仲間意識と自主性を大切にする」という目標を定めて、多くの仲間と一つの目標を達成する喜びを伝え続けてきた。「仲間意識」と「自主性」という言葉を多くの生徒が意識するようになり、体育の授業だけでなく、各年度のあらゆる行事でもこの目標を大切にしてきた学年集団である。

● 2 ● 指導の実際

① そでふれ実行委員会発足

　体育大会で学年集団演技(マスゲーム)をするに当たってオリエンテーションを行った後、実行委員(教員と一緒に企画、選曲、衣装、練習会などに携わる係)を募集した。約25名が立候補し、そでふれ実行委員会としてスタートした。

② 実行委員の活動

　発足後の実行委員の仕事は、他生徒より前に京炎そでふれ簡単バージョンの踊りを覚えることに取り組んだ。取り組む時間帯は、登校後の約20分間と昼休みの約20分間の限られた時間での練習である。学年の各教室の共用スペースにウッドデッキがあり、よい練習場所となっていた。実行委員の中には、やる気はいっぱいだが、ダンスの振り付けがなかなか覚えられないようなタイプの生徒も多数立候補していたが、実行委員中心の自主練習会を通して、他生徒の前で堂々と踊れるようになり、限られた時間の体育の授業では、実行委員の踊りが模範演舞となり、他生徒をリードしていくようになった。

　特に、隊形移動の一部で群をつくって分散するような場面では、実行委員の演舞を実際に見ることで、他生徒にも理解しやすく、早い段階で習得することができた。

　かけ声を出すシーンでも、実行委員の迫力あるかけ声に刺激され、より迫力のあるもの

となった。

③ 実行委員のもう一つの活動

練習会をリードするという大切な役割の他に，企画委員としてわかば班の数名がわかば班作品の選曲や構成の一部を担当した。全体作品である京炎そでふれの取組に時間を要した上，企画委員が職場実習（進路の取組）参加のため登校できない時期なども重なり，一時は大ピンチのわかば班であった。けっきょく，わかば班作品（「千本桜」）の取組はごく限られた期間となったが，生徒が本気モードとなり，自発的に練習を重ねるなど，大変充実した取組となった。わかば班生徒は，自分たちで選曲や企画に携われたこの作品に強い愛着を感じていたようである。

④ 衣装づくり

限られた予算内で衣装を検討しなければならず，安価で購入したＴシャツに美術科の協力を得て生徒がデザインしたものに，わかば班がプリントを担当し，あおぞら班が和柄の布で作ったワッペンをアイロンで接着する作業を担当して仕上げた。

⑤ 本番に向けて

本校は小・中学部も同じ時期に運動会があるため，もともとグラウンドを使う時間が限られている状況に加えて，雨で使用できない日が続き，不安要素がいっぱいの中で迎えた本番であった。しかし，直前の自主練習の成果を発揮し，よい緊張感の中で弾けるような本番の演舞を披露できた。

多くの仲間と一つの目標を達成する喜びを感じることができた瞬間だった。

「……これが最後の体育大会です。ここで出会えた仲間と感謝の気持ちを込め，心を一つにして踊ります。……」（実行委員長のナレーションより）

3. 考察

多くの中学校や高等学校で行われている自主的なダンスの創作活動を，特別支援学校でも実現したいという思いから手探り状態でスタートした取組だったが，予想以上に力を発揮した生徒の可能性を強く感じることができた。

無事に本番の演舞を終えることができたのは，生徒の活躍に加え，学年教職員集団全員の連携と協力の賜物と感謝している。

本校を卒業して新しい世界へ歩み出す生徒には，仲間を大切にして本気でがんばってきたたくさんの思い出を一生の宝物にして，これからの人生に生かしてほしいと願っている。

〈一柳　純子〉

高校生と共に学び合い，成長し合う，剣道の授業

•1• 取組の概要

　宮崎県立延岡しろやま支援学校高千穂校は，宮崎県立高千穂高等学校の敷地内に設置されている。平成27年度現在，男子生徒3名，女子生徒3名である。2学期の10月，11月は女子が，3学期の2月，3月は男子が，高千穂高等学校と合同で週に1回，剣道の合同学習を行っている。また，3学期には，高千穂高校剣道大会へ高校生と合同チームを組み参加している。本校入学までに剣道を経験したことはないが，合同学習を行うことで剣道に対する興味・関心が高まり，意欲的に取り組んでいる。高等学校との合同学習を行うことで，礼儀や相手を尊重する態度，基本動作，対人的技能の習得をはじめ，集団への参加や人とのかかわりなど，卒業後の社会生活に必要な力を身に付けている。

•2• 指導の実際

① 学習のねらい

・礼法や相手を尊重する態度を養う。　　・基本動作や対人的技能を身に付ける。

② 合同学習の流れと様子

　高等学校との合同学習に参加しやすいように，礼法や基本動作となる構え方，足さばき，素振り，基本の打突（面打ち，小手打ち，胴打ち，二・三段の技），打突の受け方を本校の授業で学んでから参加する。高等学校との1時間の合同学習の流れを表1のように示す。

表1　1時間の合同学習の流れ

	学習活動		活動内容
導　入	着装，礼法，準備運動		胴・垂を付ける，着座，座礼，立礼，準備運動
基本練習	①	基本動作	構え，足さばき，素振り
	②	対人的技能	技の動きを覚える練習
	③	着装	面を付ける
応用練習	①	基本動作	基本の打突（面，小手，胴打ち，二・三段の技）
	②	対人的技能	技の打ち込み練習
	③	互角稽古	実戦的な練習（練習した技を試す）
振り返り	まとめ		学習カードの記入

【導入】

　授業の初めには，毎時間，着座や座礼，立礼の作法を行う。礼の意味や大切さを学び，日々の生活での挨拶につなげる。

【基本練習】

　① 基本動作：全体の動きに合わせ，これまで学習してきたことを振り返りながら活動

する。その際に，剣道部に所属している生徒とペアを組み，横に並んで活動することで動きを確認・模倣できるようにする。

　② 対人的技能：専門知識をもつ生徒と一緒に活動することで，体の動かし方や竹刀の振り方の技能面についてのアドバイスをもらう。次の活動へ移るときにわかりやすく説明してもらい，次の活動へスムーズに入ることができる。

写真1　基本練習（② 対人的技能）技の動きを覚える練習の様子

　③ 着装：面を付ける際，紐を後ろで結ぶことが難しい生徒は，ペアの生徒へお願いするなどのかかわりをもち，活動を協力して行うようにする。

【応用練習】

　① 基本動作：お互いに打ち込む活動をする。打ち込む際には，教師が合図を鳴らし，タイミングよく打ち込めるようにする。

　② 対人的技能：ペアの高校生に竹刀の振り方や足の動かし方の手本を見せてもらったり打たせてもらったりすることで，動きを覚えることができる。また，細かな動きまで丁寧にアドバイスをもらい，正しい技能の習得ができる。

写真2　応用練習（② 対人的技能）技の打ち込み練習の様子

　③ 互角稽古：学んできた礼法や技能を実践する。練習した技能を攻防の中で試すことができる。実戦的な練習をすることで，打突の機会を覚え，技能が身に付くようにする。

【振り返り】

技の名前や竹刀の振り方，体の動かし方を学習ノートに記入し，確実な振り返りを行うようにする。

③　剣道大会の様子

高千穂高校剣道大会では，同学年の生徒と合同チームを組み参加した。試合では，習得した礼法や基本動作など，学習したことを生かし，高校生と試合を行うことができた。一生懸命に試合に取り組む姿が見られ，一人一人の学習の成果を発揮できる大切な場となっている。

写真3　剣道大会の様子

3　考察

高等学校との合同学習を行うことで，礼法の意識が高まり，日常生活での挨拶がよくなった。高校生との日々の交流場面も見られるようになっている。モデルがいることで，打突の強さ，スピードなど技術面の向上が見られ，剣道大会では，生徒一人一人が達成感や自信をもつことができたように思う。今後も継続して実施していけるように高等学校と連携していきたい。

〈臼木　洋智〉

剣　　道
～武道を通して身に付けたい力の育成～

1 取組の概要

- 栃木県立南那須特別支援学校高等部課程の生徒を対象に，保健体育の授業で行う。
- 平成27年度は9月末〜10月の間，週2時間で8時間行った。高等部3年間で20〜24時間を目安に分割して指導している。
- 中学校で剣道を経験している生徒に対する継続性や，初めて剣道に触れる生徒に対する基本的な指導を配慮して行っている。
- 高等部課程の生徒数は約30名。防具や竹刀類は，近隣の中学校や高等学校より寄贈していただき，生徒全員が防具を着用して授業に取り組んでいる。

2 指導の実際

中学校で武道が必修化されたことにより，中学校で経験した者は剣道の基礎的な用語や道具の名称を言える一方で，名称も知らず剣道はどのようなものかを知らない生徒もいる。技能面では限られた時間の中での授業であるため，数多くの技の習得や様々な所作の習得は難しいので，生徒全体に向けての基本的な動作や技の習得を目指している。態度面では，道具を大切に扱うこと，相手を尊重した礼儀作法や態度を身に付けることを目標としており，道具を大切に扱うことの意味や相手を尊重する態度とはどのようなことかを考えるよい機会と捉えている。

本単元では，①剣道の学習を通して「対人性」に触れること，②「技」の中で「協同」を体験すること，③伝統的な考え方や礼儀作法を学ぶこと，をねらいとして行っている。

1時間目にオリエンテーションを行い，剣道の理念や防具の名称，基本的な動作の習得を目指し，剣道の特性を含んだ簡単な体ほぐし運動を行う。授業開始時と終了時には武道の特性でもある座礼を行い，正座の仕方から学び，黙想をすることで武道の授業に対する意識付けや，凛とした雰囲気づくりを行っている。手のひら攻防ジャンケンやジャンケン足踏み，竹刀を使用した新聞紙切りを行っている。ここでは，2人組やグループでの活動を取り入れることで，相手と気持ちを合わせることや，相手を思いやる心を育むために「対人性」を重視しながら，楽しく運動を行い，剣道の学習に対する興味・関心をもつきっかけづくりをしている。

2時間目には，姿勢，構え，足さばき，素振りなどの基本的動作の学習を行っている。限られた時間の中で，すべての動作を習得することは難しいので，中段の構えを基本に，前後左右の足さばきの練習を行っている。その際にも，生徒対教師で声を出し合うことで，お互いの息を合わせるようにして，対人性を重視して行うようにしている。また，授業の終わりには本時の復習として，剣道の特性を踏まえた体ほぐし運動を取り入れている。

3時間目に，防具の付け方・扱い方・使用上の注意についての学習を行う。ここでは，教師が予め，小集団（4〜6名程度）のグループを設定し，一斉授業からグループ別の授業を取り入れるようにする。グループの中に1人は必ず剣道経験者を配置し，お互いに胴紐や面紐を縛る補助をすることで，他者への思いやりを学ぶ機会をつくっている。また，お互いに防具を付け合うことは，防具そのものの構造を自分自身で把握する機会であるとも捉えている。小集団での活動や2人1組の学習を通して，学習の中で役割をもたせ，生徒一人一人が活躍できる場を意図的に設定することで，自分のことだけでなく，相手のことを意識した言動が求められ，その中で自己肯定感や自己有用感が高まる工夫をしている。

授業開始前の座礼

　4〜6時間目は，基本技を中心に行っている。ここでは，2人1組のペア学習を取り入れ，学年を超えて生徒同士が学び合い，教え合う機会を設定している。面・胴・小手のそれぞれの技の習得を3時間かけて行っている。竹刀を使用し，初めて打ち合う経験をする中で，恐怖心を和らげるために，その場で相手の面を打つことから始め，最終段階として飛び込み面・胴・小手の技の習得を目指す。

2人1組での基本技練習

　7・8時間目には，グループごとに簡易試合を行っている。試合方法や審判のやり方を図に描いて説明し，副審を生徒が行う方法で，試合を通して，剣道の特性や魅力を味わえるようにしている。試合の進行上，主審は教師が行い，言葉掛けをしてリードをするが，副審2名は生徒が行い，実際にどちらの技が決まったか紅白の旗を使用し，判定している。相手の動きに応じて，いつ・どこを・どのように打つか生徒自身が考えながら，試合に取り組むことができている。

生徒が審判を行う試合

3 考察

　「体力の低下」「運動嫌いの増加」が喫緊の課題とされ，体育における魅力ある授業づくりが求められている。その中で，本校では武道（剣道）に取り組み，自己肯定感や自己有用感を高めることで，社会的自立に向けた良好な人間関係の基礎づくりをはじめ，基礎体力の向上，日常生活で必要な礼儀作法や協調性及び相手を尊重する心の育成に努めている。今後も，剣道が行える環境にあるこの機会を生かし，積極的に武道の指導に当たっていく。

〈川村　仁美〉

高等部の実践

剣　　道
～新聞やスリッパを活用しての指導～

● 1 ● 取組の概要

　兵庫県立出石特別支援学校は県北部に位置し，出石藩の城下町にあって，かつてより武道が盛んな地域であった。本校では昭和61年，高等部の設置と同時に体育の授業に武道（剣道）を位置付け，現在に至っている。本校の剣道の授業では，我が国固有の伝統と文化に一層親しむと同時に，礼儀作法や技の習得を通じて相手を敬う心の育成へ向けて重点的に指導を行い，毎週1時間，体育の授業として各学年で実施している。

　剣道を経験したことがある生徒から，運動に制限のある生徒までとその能力の差は大きい。剣道の授業では，心理的な安定を図るために毎時間，同じ挨拶の流れをつくり，授業の初めと終わりに心を静める時間（黙想）をつくっている。繰り返しの中で，初めは指示の意味がわからなかった生徒も，周りの様子を見て模倣を始めることから動きを覚え，授業に見通しをもって活動できるようになってきている。

● 2 ● 指導の実践

　剣道の授業を進めていく上では，基本動作や決められた礼法，剣を扱う心構えなどの指導を生徒の理解や運動動作の力に応じて進めている。基礎的な段階では，一斉指導により基本動作から基本打ちの徹底を図ることが重要だと考える。また，心を静めたり（黙想），姿勢を正したりすることも，全員で意識的に取り組むことにより，集団としての一体感や他の授業へとつながるリズムづくりになると考えている。

　ここでは，授業で扱った自主制作教材を二つ紹介する。

①　矢印スリッパ（写真1，3）

　剣道をする上で多くの生徒がつまずくのが，「すり足」である。普段と違う足の動かし方のため，混乱してしまう生徒も少なくない。そこで，色の違う矢印を付けたスリッパを履いて，すり足の練習を行う。右足に黄色，左足に赤色を履いて，生徒には二つのルールを提示する。

【伝えるルール】
・矢印はまっすぐ前に向ける（進行方向）。
・赤色は黄色を追い越さない。

写真1　矢印スリッパ

　導入の際には，「すり足リレー」などゲーム形式で行うと，普段とは違う取組に生徒たちは生き生きしてすり足の練習に取り組むことができる。

②　新聞棒（写真2，4）

　竹刀を初めて扱う生徒たちにとって，持ち方という一つの点だけでも重さや長さに気を

取られ，それまで練習していたすり足ができなくなってしまうことがある。そこで，よりわかりやすく動きの定着を図るため，新聞紙を丸めてカラーガムテープを貼った棒を使う。

【伝えるルール】
・赤いところを左手で持つ。
・右手は青いところを持つ。

新聞棒を使って素振りや基本打ちの動きを確認することで，よりスムーズに素振りの基礎を定着させていくことができる。

以上の二つの教材は，生徒が自分で作ることのできるものである。授業で使う教材を自分たちで作ることで，個々のやる気やイメージをさらに深めていくことができた。

写真2　新聞棒

写真3　スリッパを使った練習

写真4　新聞棒を使った練習

写真5　防具を着けての練習

写真6　毎年2月に剣道大会

3　考察

本校に入学するまでは，自信をもてずに自分を出せなかった生徒が，剣道の時間は大きな声を出して練習に取り組めるようになった。本校の行事「剣道大会」は，1年生のときは剣道を嫌っていた生徒にとっても楽しみな学校行事の一つになっており，生徒たちの心の中に本大会が定着してきている。今後も剣道を通じて，生徒が心身ともに大きく成長し，他の授業や行事へも前向きに取り組んでいける力を高めていきたい。

〈藤原　拓也〉

高等部の実践

障害者空手道，高体連への挑戦
～障害特性に応じた手立てによる可能性について～

•1• 取組の概要

　私は，平成7年より平成23年までの17年間，知的障害者バレーボールに携わり，運動能力に長けた知的障害のある方を数多く目にしてきた。彼らは，特別支援教育と，その競技の専門性を有する指導者が指導すれば，高等学校体育連盟（以下，「高体連」）でも十分に活躍できるのではないかと感じていた。現在，障害のある生徒らのスポーツは，障害のない生徒らとは別の組織で活動・発展してきている。はたして障害者のスポーツは，必ずしも障害のない生徒らと別の組織で活動しなければならないのだろうか。そこで，高体連への参加を通して，その可能性を探ってみたいと思うようになった。

　平成24年春に兵庫県立阪神昆陽特別支援学校への転勤を機に，私の専門種目である空手道部を立ち上げ，指導を開始した。練習は，火・水・木曜日の放課後に約2時間，土曜日に約3時間行った。また，平成24年秋からは，空手道とテコンドーの有段者である先生も顧問に加わり，相談・連携しながら指導できるようになった。創部1年目は高体連の大会にはオープン参加であったが，2年目に兵庫県高体連に加盟を認められ，高体連の高校総体や新人大会にも正式に参加できるようになった。平成27年度は創部5年目で，3年生3名，2年生1名，1年生3名の計7名で活動している。4名の卒業生全員が，全日本空手道連盟の公認初段を取得し，それぞれの居住地や，本人の特性に合った道場を中心に積極的に活動し，試合にも出場している。

•2• 指導の実際

　指導を開始すると，感情の起伏が激しく怒りと衝動性を抑えられない生徒，見通しがもてないと混乱する生徒，著しく筋力や柔軟性の弱い生徒，達成経験が乏しくすぐに投げ出してしまう生徒，空間認知が弱く形の演武線が理解できない生徒，身体感覚の乏しさと過緊張により自分の身体の動きをイメージできない生徒，口頭指示ではほとんど伝わらない生徒など，予想以上に多様な実態の生徒たちが次々と入部してきた。生徒個々の認知特性・行動特性に応じて，以下のような支援を組み合わせて根気強く指導した。

① 認知的支援
- 環境整備による支援……形の演武線を覚えるために，壁に方角を記し，畳（床）に線や印を付けた。
- 身体感覚の支援……手足の動きを，手を添えてゆっくり補助したり，ベルトや障害物を使って制限を加えたりした。

写真1　畳に付けた演武線

- 視覚情報支援……連続画像の掲示，映像や実演などにより，視覚で理解できるよう補助した。

② 精神的支援

- 諦めさせない……形など新しく覚えることは少しずつ行い，できたところを評価し，常に励ました。
- 見通しをもてるようにする……ルーティンを基本にし，練習予定の掲示や，練習メニューの板書を行った。
- 道場訓と解説……理解しやすい道場訓とその解説を掲示し，毎回唱和した。

③ 身体的支援

- 筋力アップ……自転車のチューブや軽い重りを使って少しずつ筋力アップを図った。
- 柔軟性アップ……種々の柔軟体操を組み合わせて少しずつ柔軟性アップを図った。
- リラックス……上肢の過緊張を取り除くため，ピンポン玉を握って練習した。

④ 社会的支援

- 高度な技や礼儀作法を見て学ぶため，また，試合会場で孤独感や疎外感を味わうことがないように，全国大会優勝経験のある夙川学園高等学校をはじめ，17校の高等学校と合同練習や練習試合を繰り返し行った。

3 考　察

創部2年目の高校総体女子個人形競技で初勝利，3年目の高校総体女子個人組手競技においても初勝利，さらに念願の団体戦においても県新人大会男子団体組手競技において初勝利を収めた。今回の取組は，障害のある生徒らが，障害のない生徒らの大会，つまり高体連の大会に参加・活躍できることを証明できた一事例といえるのではないだろうか。

写真2　1～3期生と顧問

また，月刊『空手道』2014年10月号の平成26年度兵庫県障害者空手道親善交流大会のレポートで「ここの特別支援学校の生徒たちは特別に礼儀正しかった」と評されたり，第10回全国障害者空手道選手権大会では，初参加で女子個人組手優勝，男子個人組手3位に入賞したりするなど，高体連に参加することにより，礼儀作法の習得や競技力において著しい向上が認められた。これらの成果には，兵庫県高体連空手道部の理事の先生方をはじめ，各学校の顧問の先生方や部員のみなさんの理解と協力なくしてはなし得なかったことで，心より感謝している。

今後，様々な種目に波及し，特別支援学校生が高体連に参加，活躍できる機会が増えていくことを願ってやまない。しかし，そのためには，すべての教育関係者が知的障害のある生徒のスポーツに対するニーズの大きさを知り，部活動の指導時間の確保をはじめ，高体連・中体連の各競技団体が知的障害のある生徒に対する理解を深め，開かれた対応をすることが鍵になってくるのではないだろうか。

〈松崎　和繁〉

スポーツチャンバラ競技における技術力と精神力の向上を目指した指導と支援
~経験者ではなくとも，顧問としてできることをする~

1. 取組の概要

　スポーツチャンバラは，1969（昭和44）年に田邊哲人氏によって始められた。エアーソフト剣という柔らかい剣状の武器と，目や耳を保護する面を着用して，小太刀の部，長剣の部という種目ごとに分かれて戦うものや，型を披露する基本動作の部がある。基本理念は「公平と安全」そして「自由」としている。略称は「スポチャン」。田邊氏はスポチャンについて次のように述べている。

　「元来このスポーツには審判はいらないと思っている。『打たれたこと，負けたことを素直に認め合い，潔く，爽やかに相手を讃え合うこと』ができれば，その間には何の介入もいらない。それは〈自己審判〉と言って，自らを自らのために審判するのである。そしてその心にいたわりの心，更に他を認めるゆとりが生まれてくる。自覚はまず己自身の素直さを知ることから始まる。世界はもの凄い速さで互いを理解しようとしている。世界はものすごい純真さで互いを認め合おうとしている。この民族の壁を乗り越え，この広いカラーを乗り越え，そして今，世界は『世界人の心創り』」をしようとしている。そして日本人も今，世界人になろうとしている」（『スポーツチャンバラ教本』より）

　このようなスポチャンの精神をモットーに，北海道新篠津高等養護学校でも部活動として活動を続けている。平成27年度現在，3年生8名，2年生2名，1年生2名の計12名の部員がおり，週に2回，各1時間程度活動している。生徒は，入学した後，新入生歓迎会の部活動紹介で初めてスポチャンと出会い，入部生徒全員が初心者としてスタートする。顧問にも経験者はいない。それだけ知られていない競技であり，競技人口も少ない。すべてが手探り状態である。そのような中で，「スポチャンをやりたいという生徒が1人でもいるなら続けましょう」とご助言をいただいた北海道スポーツチャンバラ協会の皆様にもご協力いただきながら，活動を続けている。

　平成27年度で私が顧問になり3年目になるが，入部してくる生徒の性別や障がいの程度などは関係なく，また運動が得意な生徒もいれば，苦手な生徒もいる。共通点は，一見自信がなさそうに見えるが，内なる闘志をもっている生徒が多いことである。テレビの中で活躍するヒーローに憧れ，それと重ね合わせて入部してくる生徒もいる。部としては，技術面の強化だけではなく，礼儀を重んじ，相手を認め合うことを目標にしている。

2. 指導の実際

① 基本動作の徹底

　戦いとは別に，「基本動作」という型の種目がある。審査員の掛け声に合わせて，面，小手，胴，足，突け，と一歩ずつ前進しながら剣を振る。すべての動作の基本となるため，ウォ

ーミングアップをした後に基本動作を取り入れている。

また、入部してきた後輩に教えるのは先輩の役目にしている。手取り足取り、どうしたら相手に伝わるのかを考えながら教える。先輩は自分たちが教えてもらったときに、うまくできなかったことを思い出す。そして今教える立場になったということは、自分が成長した証であると実感することができる。新入部員は慣れるまで大変だが、先輩の格好いい基本動作を見て、自分たちもあのようになりたいと憧れや目標をもって精進する。このように活動を通じて自然に上級生、下級生が互いに高め合うものとなっている。

② 打ち込みの練習

慣れてくると、我流で剣を振り回す生徒が出てくる。基本的に、一本で相手を仕留めるが、アニメの主人公のような技をまねて、連打を繰り返す。

そこで練習に取り入れたのは、1歩で相手の懐に飛び込み、一本を打ち込む練習である。大会では、どうしても相手の間合いに跳び込めず、浅い打ち込みになってしまい、一本を取ってもらえないことがあった。そこで、前に出る足は進行方向へ常に向いていること、後ろ足で蹴り上げることを伝え、まずは剣を持たずに、1歩でどこまで遠くに行けるのかを床にテープを貼って距離を伸ばしていった。真上にジャンプするのではなく、平行に移動できるように頭上に本を置いて平行感覚を養うなどして、生徒はゲーム感覚で意欲的に取り組む。足の距離感をつかんだ後は、剣を持って実際に打ち込む。2人1組になり、指示されたところに打ち込んでいく。その際に、打ち込んだ後にはすぐに元の位置に戻ることを伝えている。それは、慣れてきたら受ける側が攻撃を仕掛けるようにしているので、相手の攻撃をかわすことを同時に行わなければいけないからである。

③ 試合の練習

基本動作、打ち込みが終わると、実際の大会を想定した試合の練習を行う。毎回ランダムにチームを二つに分け、戦う生徒を顧問が指名する。このときに、個人の弱点を考えて対戦相手を決める。例えば、自分から攻撃しない者同士や、同じ箇所ばかり攻撃する同士を戦わせることで、勝敗が決まるまで時間が掛かりすぎてしまうのはどうしてか、相打ちばかりで勝敗が決まらないのはどうしてなのか、考えるきっかけにすることができる。

敵を知って己を知る。そうすると、自分の弱点を意識し、相手を考えた戦い方ができるようになる。勝敗が決まると、お互いに礼をして握手を交わす。それは冒頭で述べたように「負けたことを素直に認め合い、潔く、爽やかに相手を讃え合うこと」につながる。新入生については、負けたことが悔し過ぎて相手を讃え合うことが難しいことが多い。その都度指導をして、先輩からもアドバイスをもらうことで、試合を重ねていくと、改善されていく。常に、スポチャンの精神を念頭に置く。

④　大会への出場

　年に数回ある大会へ出場している。ただし、大会への参加は、保護者が送り迎えをするということを参加の条件としているため、家庭の事情によって半数の生徒しか参加ができないというのが現状である。

　生徒たちは大会で優勝することを目指し出場する。一般の方と障がい者の方が交流できる大会なので、他の出場者の試合を観るだけでも勉強になる。個人戦では、小太刀の部と長剣の部があり、団体戦では、3人1組で出場する。

　個人戦の予選は、くじで相手が決まるため、部員同士が戦うこともある。その際はもちろん真剣勝負で対決する。相手の癖や弱点を知り尽くしているが、勝負は時の運。練習では一度も勝てなかった相手に、本番で初めて勝つこともある。

　団体戦は、それぞれの得意分野を考えて組むのだが、こちらも部員同士で戦うこともあり、生徒の緊張は高まる。それでも試合を通して生徒たちはたくさんのことを吸収し、精神的にも成長する。

　もう一つ、大会に出場することで得られる大事なことは、交流による人間関係の拡大である。他の特別支援学校高等部を卒業され、地域の団体から出場している方々は年齢が近く、お兄さんのような存在で、いつも温かく接してくれる。休憩時間に一緒に練習をしたり、その方々とお話をしたりすることが、大会に出るもう一つの楽しみなのである。また、働きながら余暇として出場している先輩方との出会いは、自分たちの卒業後の生活の参考にもなる。

⑤　校内で大会を行う

　大会へ参加できない生徒には、大会の様子を写真やビデオで見せることで、雰囲気や様子を知ってもらう。ただ、大会へ参加できない生徒も日頃の成果を発揮できる場があった方がよいのではないかと考え、「新篠津杯」という校内大会を開催することにした。年末や年度末に行い、手作りの賞状やメダルを用意してモチベーションを上げ、

優勝を目指して取り組む。そして、お互いにがんばりを讃え合ったり、周りからの称賛を得たりすることで、また一つ自信につなげ、部としての団結力も高めることができる。

⑥ 剣の工夫

実際に使用するエアーソフト剣を練習でも使えることができれば一番よいが，剣は消耗品であるため，練習から使用していると壊れて修理に出すことも少なくない。そうなると練習に支障があるため，普段は筒型のスポンジを剣の長さに切って，練習用の剣として使っている。

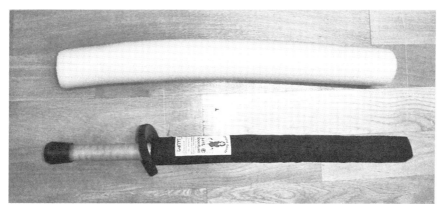

上：練習用剣　　下：競技用剣

⑦ 余暇活動の選択肢になる

卒業生の何名かは，社会人になってからも大会に出場している。本人たちはそれを励みにしており，余暇の選択肢の一つになっている。十分な練習はできないものの，自宅で素振りをするなど，日常的な運動とストレス等の解消にもつながっている。

3 考察

生徒も指導者もスポチャンの知識や経験がない中で，活動は試行錯誤の連続である。しかし，生徒たちもそれを理解して，課題解決のために「このような練習はどうですか」などと主体的に考えて提案してくれたり，積極的に行動してくれたりするようになったことはうれしい限りである。

一方で，技術を求めて，より強くなりたいと思う生徒のニーズには十分応えられていない面もある。指導者研修などに参加し，指導力の向上を図っていかなければならないと考えている。

これからもスポチャンをやりたいという生徒がいる限り，その願いを叶えられるように活動を支えていきたいと思っている。

〈金谷　しほり〉

〔引用文献〕
・『スポーツチャンバラ教本』日本スポーツチャンバラ協会，国際スポーツチャンバラ協会

陸上競技
〜「やる気スイッチ」を入れるための工夫と練習環境〜

● 1 ● 取組の概要

　愛知県立半田特別支援学校桃花校舎は，高等学校の敷地内に併設された高等部のみの特別支援学校（知的障害）であり，平成27年度で開校10年目を迎えた。運動部の活動の一つとして陸上競技部を立ち上げて9年目になる。本校に入学してから陸上競技を始める生徒がほとんどであるので，取り組みやすい中距離走を中心に行っている。中でも1500m走は練習の成果を実感しやすく，目標をもちやすい種目の一つだと考えている。入部したての頃は7分近くかかっていたタイムが，練習を重ねるごとに安定して走れるようになり，やがて5分台が見えてくる。そして，記録を更新していくことで達成感を味わい，練習態度が前向きな姿勢へと変わってくる。どの生徒も卒業するまでに1500m走で5分を切ることと，400m走では60秒台を目指している。中には，中学校で運動部の経験があり，入学した頃から健脚ぶりを見せてくれる生徒もいる。そんな生徒には1500m走では4分30秒，400m走では56秒という目標を設定している。

　Aくんもその中の1人で，陸上競技の経験があった。短距離走の選手として健常の生徒に混じって地区大会にも出たことがある。また，全国大会の決勝に進むためには，1500m走では4分20秒，400m走では56秒を切ることが必要になってくる。創部以来，1500m走については，4分30秒を切る生徒は数名いたが，4分20秒の壁は厚く，切ることができなかった。400m走については，100m走で13秒を切るぐらいで走れるようになると56秒台が見えてくる。Aくんが2年生になる頃には，5名の生徒が400m走に絞って練習するようになった。この5名を中心に，お互いを刺激し，競争し合える練習環境が整っていった。

● 2 ● 指導の実際

① 朝の練習

　始業前には，体幹を強くする筋力トレーニングと陸上競技の走りの基礎となるドリル練習を毎日繰り返し取り組んだ。また，心肺機能を高めるトレーニングとして12分間走を週に2回取り入れ，時間内にトラックを何周できるか毎回記録を付けた。

② 午後の練習（週3回）

　スピードを高める練習とスタミナを付ける練習に分けて取り組んだ。

　スピードを高める練習では，150mの加速走や300m走を5分程度の完全休息で繰り返し行うレペティショントレーニングを中心に取り組んだ。1回ごとに各自の目標タイムを設定し，疲労が現れ精神的にも落ち込む頃には，ぎりぎり達成できそうな目標に見直したり，ようやく最終となる回の前には，今日のベストタイムかそれより少し早いタイムに設

定し直したりしている。生徒の表情や疲労の程度から，お互いのやり取りの中で現状を把握し，今一番がんばれるところで挑戦するようにしている。

スタミナを付けるための練習では，200m走ないし300m走の後を1分間のジョギングでつなぎ，繰り返し走るインターバル走や1000m走から始めて，回を重ねるごとに走る距離を短くしていく練習に取り組んだ。最後の200m走においても，全力で取り組めるように支援し，もう少しがんばるための精神力を身に付けられるようにしている。

陸上競技部　年間活動計画

月	活動内容		
	朝の練習	業後の練習	
4	・ウォーミングアップ 　ジョギング→肩回し，ラウンジ等の動きづくりへつなげる。 ・反足立ちストレッチ 　段差を利用して，姿勢をキープしながらストレッチ体操を行う。 ・体幹トレーニング 　足上げ腹筋→斜め倒し→片肘片足上体そらし→交互足上げ→もも引き上げ ・ウェーブ走 　片足切り返し，ナンバ，もも上げ走→ポイントを持って走る。 ・ミニハードル走 　ハードル間を短めに設定 ・12分間走(火・木に実施)	(400m走) ・スタートダッシュ 　30m×3→50m×2→50m加速走 ・インターバルトレーニング 　150m×5→150m×4→150m×3 ・レペティショントレーニング 　300m×3 　300m→300m→150m 　(300m+100m)×3 ・スピード・スタミナトレーニング 　150m加速走 　1000m→400mマックス 　(400m+50m)×3 　1000m→600m→300m+100m 　600m→400m→200m×2	(1500m走) ・3000mペース走 　各自200mの周回タイムを設定して行う。 ・3000mB-UP走 　1000mごとに，周回2秒縮めて行う。 ・インターバル走 　300m×5+300m×5 ・レペティショントレーニング 　1000m×3本 　2000m+1000m 　1000m+400m(MAX)
5			
6			
7			
8		試合集中期 日本ID陸上競技選手権大会	
9		日本パラリンピック陸上競技選手権大会	
10	・ウォーミングアップ 　ジョギング→肩回し，ラウンジ等の動きづくりへつなげる。 ・反足立ちストレッチ 　段差を利用して，姿勢をキープしながらストレッチ体操を行う。 ・体幹トレーニング 　足上げ腹筋→斜め倒し→片肘片足上体そらし→交互足上げ→もも引き上げ ・サーキットトレーニング 　ラダー(もも上げ走等)→ハードル(足上げ・ハードリング)→ホップ走→タイヤ押し→リバウンドジャンプ→縄跳び(片足もも上げ，二重跳び)→メディシンボール(ステップランジ)→倒立バー(腕立て伏せ)→懸垂・懸垂もも上げ ・12分間走(火・木に実施) ・ウエイトトレーニング(金に実施)	(400m走) ・インターバル走 　200m×8→200m×5→200m×3 　300m×5本を2セット 　300m×3を3セット ・レペティション 　(600m+200m)×3 　(1000m→600m→400m→200m)×2 　(1000m+400m)×2 ・スピード・スタミナトレーニング 　600m×3 　500m×3 月曜日：インターバルトレーニング 水曜日：レペティショントレーニング 金曜日：スピード・スタミナトレーニング 土曜日：記録会	(1500m走) ・3000mペース走 　各自200mの周回タイムを設定して行う。 ・5000mB-UP走 　1000mごとに，周回2秒縮めて行う。 ・インターバル走 　300m×10 ・レペティショントレーニング 　1000m+300m×3本 　2000m+1000m 　1000m+400m(MAX)
11			
12			
1			
2			
3			

陸上競技部年間活動計画

③　シーズンの練習とオフの練習

試合が集中する夏の時期と冬のオフシーズンでは，練習内容を変えている。基本を変えずに継続的に取り扱う内容と目新しい内容を織り交ぜることで，やる気を引き出す工夫をし，同時に試合に向けてコンディションを整えられるようにしている。例えば，気温の低い時期には長い距離の練習から始めて，体が十分に温まった状態で瞬発力を発揮させる練

習へとつなげた。休日の部活動では，記録会を行い，お互いを刺激し合えるように1500m走，800m走は全員で取り組んだ。中距離走をあまり得意としない400mの選手は，どうしてもレースの中盤からはペースが落ちて遅れていくので，諦めの気持ちをもたせないようにするためにも，800mなどの中間の距離で競走する場面を多く設けた。

④ 練習を通して目指したこと

生徒には，自分の種目に近い距離での競争においては，誰にも絶対に負けないという気持ちをもつようにすることを大事にしている。練習中は常に気の抜けない緊張した状況をつくり，常に高いモチベーションを維持できるようにした。走り切った生徒がゴールの後に倒れ込み，大の字になって寝転がり，しばらく動き出せないぐらいの負荷を目指した。

顧問として部活動で一番大事にしていることは，練習を始める前のほんのわずかな時間に行うミーティングである。いかにモチベーションを上げて練習に取り組むか。「やる気スイッチ」を入れるためのこの時間が，練習の良し悪しを決めると言っても過言ではない。その日の体調や心の状態によって，練習メニューの強度や負荷を落とすなどの臨機応変な対応によって，達成感が保たれるようにすることが必要であると考えている。

⑤ Aくんの様子

Aくんには，少しでも気を抜くと負けてしまう，競い合える仲間がいた。負けず嫌いのAくんにとっては，一度たりとも気が抜けずにいたと思う。競い合うことのできるすばらしい仲間に恵まれたからこそ記録が伸びていったのだと思う。また，一日の練習を終え振り返りとして，部活動ノートを付けることに取り組んだ。とりわけAくんは練習熱心で，ノートの提出も頻繁であった。技術的なことを何度も書き込むことで自分のものにすることができた。また，メンタル面も常に話題に上げ，陸上競技に一生懸命に取り組む姿勢は他の選手をはるかに凌いでいた。食事面の指導においても家庭の協力を得ることができた。走ることが好きで，午後の部活動がない日や練習のない休日にもグラウンドに出掛けていた。オーバーワークにならないようにするためにも，この部活動ノートは役に立った。

Aくんは，高等部2年生のときに日本ID陸上競技選手権大会で3位入賞を果たし，この結果から日本知的障害者陸上競技連盟の強化指定選手に選考された。全国各地で開催される強化合宿に参加をし，3年生のときには，念願の日本一になることができた。

3 卒業後の取組と成果

在学中，特に試合前になると情緒が不安定になり，問題行動もたびたび見られたが，顧問として担任と連携し，一貫した指導を行ってきた。部活動においては，厳しく指導する役割と優しく諭す役割を担うことでAくんの気持ちを落ち着かせ，練習に向けることができた。卒業後は，仕事と練習の両立をしながら，試合前に高揚する気持ちをいかにコントロールするのかが課題となった。

本校舎は，3年生も卒業式の前日まで部活動に取り組んでいるが，その後の練習予定が立っていなかったので，学校の近くにある大学の陸上競技部に，練習生として受け入れて

もらえないかお願いをし，快く了承していただけた。Aくんが共に競い合える選手も在籍しており，スピードや体力の違いからチームに迷惑がかかるようなこともなく，理想的な環境の中で練習に打ち込めると考えた。

Aくんは，3月にオーストラリアのブリスベンで開催された大会へ出場し，国際大会の参加資格を取得した。その後も毎月行われる選考会や海外遠征へと過密なスケジュールが続き，情緒不安定になった。以前からもひどく状態が悪いときには飲むようにと処方されていた安定剤はドーピングには影響しないので，日常的に服用するようになっていた。情緒が不安定になると，周囲の状況を考えることなく自分勝手な言動が目立ち，周囲の人にも迷惑がかかる。しかし，薬の副作用も大きく，体の倦怠感と共にモチベーションも下がってしまう。毎日の練習に身が入らないので記録も停滞していた。

8月に大阪で行われた日本ID陸上競技選手権大会で，久しぶりに競技場でAくんに会えた。顔色はあまり思わしくなく，いつもの自信に満ちた表情を見ることはできなかった。しかし，午後に行われた400m決勝レースでは，陸上部のみんなが声援する中，Aくんの表情は引き締まり，好調だった頃を思い起こさせる走りでゴールテープを切った。リオパラリンピックの出場権をかけた最後のこの大会で世界標準記録を出し，リオパラリンピックへの一歩を進めることができた。その後9月に行われたエクアドル大会では，神経が張り詰めたままの状態で寝不足と薬の服用も大きく，体調を崩したままの出場になってしまった。遠く離れた海外の試合には不安も多い。10月のカタール大会には，母親が同行したので，情緒も安定して試合に臨むことができた。

4 考察

記録の向上に個人の資質は大いに関係するが，学校の部活動としてできることの一つとして，お互いを高め合える練習環境をつくることと，個人の向上心を養い，目標に向けて努力する気持ちを高め，その結果得られる成就感を味わえるようにすることを大切

カタールIPC Athletics 世界陸上選手権

にしている。それらがすべてうまく噛み合って初めて目標を達成することができる。Aくんは，恵まれた資質とその目標を達成するための練習プログラムに沿って練習を重ねてきた。しかし，大事なことは，状況に応じて計画を軌道修正しながら目標の達成に向けるための支援であって，選手と共に汗を流し，共感していく姿勢が必要である。これらがうまく噛み合い初めて，選手の力が発揮される。Aくんには，部活動で培った誰にも負けない気持ちで，新たな次の目標へと向かっていってほしい。そして，東京パラリンピックで輝くAくんを見てみたいと思う。

〈端　康宏〉

スペシャルオリンピックス公式競技「フロアホッケー」の実践
～安全面と競技能力に配慮した支援方法と，共生を目的としたスポーツの普及～

1 取組の概要

　2016年2月12日から14日まで，新潟市と南魚沼市でスペシャルオリンピックスの冬季ナショナルゲームが開催されたことを機に，公式競技の一つであるフロアホッケーを，新潟県内の特別支援学校や福祉施設，地域団体などで紹介し，体験会や練習会を実践した。いずれの場面でも，障害の有無や程度にかかわらず，参加者が意欲的に取り組む姿が見られ，授業や余暇活動として定着し始めている。また，フロアホッケーは，年齢，性別，障害の有無を問わないユニバーサルなスポーツとしても取り組まれており，「共生」の視点からも注目されている。本稿では，フロアホッケーの練習内容の実際と，「共生」に向けての取組の成果について報告する。

2 指導の実際

① フロアホッケーとは

　フロアホッケーは，スペシャルオリンピックスの中で最も古い競技の一つで，「体育館床上で行うアイスホッケー」というイメージが近い。同様の競技には，ユニホックやフロアボールがあるが，フロアホッケーは使用するスティックとパックに大きな特徴がある。

　スティックは，先がカーブしておらず，まっすぐな棒状である。パックはドーナツ状の円盤で直径20cmほどあり，中央の穴にスティックの先端を入れて操作する。パックがスティックから離れることがないため操作しやすく，道具を使うスポーツは不得手という人でもパックを確実に意図した方向へ運ぶことができる。また，パックの周囲はフェルト製で，スティックを中央の穴

スティックとパック

に入れて前方にスイングすると床上を滑って進んでいく。他のスポーツにはない感覚で，このパックの動きに面白さを感じる人も多い。

　チームゲームは，ゴールキーパーを含めた6人がコートで競技する。一つのコートで両チームのプレーヤーがパックを取り合う団体スポーツだが，個人技能競技もあり，チームゲームが苦手な人でも楽しむことができる。

　なお，フロアホッケーは，知的障害者のために考案されたものであるため，一般の人たちには，知的障害者と共に楽しむスポーツというコンセプトで紹介している。知的障害のある人とない人が一緒に楽しむ光景が見られるのもフロアホッケーの特色である。

② 取組の場面

　スペシャルオリンピックスの冬季ナショナルゲームを盛り上げるため，公式競技の一つ

であるフロアホッケーを，2年間にわたって特別支援学校（中学部，高等部）の授業や福祉施設・地域団体の余暇活動等で紹介してきた。その結果，四つの特別支援学校，二つの福祉施設，一つの総合型地域スポーツクラブで，継続的に取り組まれている。さらに，スペシャルオリンピックスのスポーツトレーニングプログラムを新規に立ち上げようとする3地域で，フロアホッケーが最初の種目として選択されている。頻度に差はあるが，現在，新潟県内で継続的にフロアホッケーに取り組んでいる人は，200人を超えている。

③ 取組の様子

【安全に楽しむための基本練習】

　フロアホッケーは，初めての人でも楽しむことができる一方，硬いスティックを使用するため，けがも心配される。具体的な危険性を，練習の前や途中に繰り返し説明し，ルールを守ることがけが防止につながることを十分に理解してもらう。自分にも相手にもけがをさせないというルールを意識することは，互いを尊重するということでもある。特に，次の三つのルールについては，基本練習として繰り返し取り扱う。

ア　スティックを振るときの高さ：まず「スティックを振り回さない，高く振り上げない」というルールを伝える。自分から心掛けられるようになるまで，何度も繰り返し確認を行う必要がある。遠くへパックを滑らそうとすると，スイングも大きくなりスティックを高く振り上げてしまうので，パスやシュートの練習は，2～3m程度の距離から行い，スイングの高さを守りながら徐々に距離を延ばしていく。ルール上では，肩の高さ以上にスティックを上げると反則となるが，この説明では高さをオーバーしてしまうことが多いため，実際の場面では「膝の高さで止める」ように助言している。

イ　相手のパックの奪い方：フロアホッケーでは身体接触は禁止されているが，相手からパックを奪うために，スティック同士が接触することは認められている。このとき，必ず下から相手のスティックを払うようにして打たなければならない（スティックチェック）。スティックの上から打つ行為（スラッシング）は，相手に向かってスティックを振ることになり大変危険なため，禁止されている。

スティックチェック　©Special Olympics Nippon

　スティックチェックのスキルを確実に身に付けるため，2人で同じ方向を向いて横に並び，ゆっくり前進しながら，交互にスティックチェックをする練習を行う。また，向かい合ったポジションから相手の側面に移動してスティックチェックする動きの練習もルールを意識するために有効である。

　また，速い動きの中でスティックチェックしようとすると，相手のスティックに届かず，足に当たってしまうことがある（転倒させる危険があるため反則となる）。スティ

ックチェックの正しいスキルが身に付いたら、足にスティックを当てないことを意識して、走りながら同様の練習を行う。最初は、教師やコーチ、支援者とペアになって行うのが望ましい。

　最後は、集団で人数の半分のパックを取り合う「スティックチェック鬼ごっこ」を行うと大変盛り上がる。安全に行うことができるよう、人数やグループ分け、広さ、制限時間等をメンバーの実態に応じて配慮する。

ウ　ゴール付近でのプレー：ゴール前には、半径180cmの半円（クリースライン）が引かれ、プレーヤーは自分の身体及びスティックをその半円内には入れられないことになっている。これは、ゴールキーパーの安全を確保するためのルールである。ランニングシュートなど、勢いがついた状態でシュートをすると、ライン前で止まることができずに、クリースライン内側に入ってしまうことがあるが、これはクリースバイオレーションという反則になる。

　シュート練習の際にはコーチがクリースライン内に立ち、シュートしようとするプレーヤーに、クリースラインの位置を意識できるように「ここがラインだよ」などの言葉掛けをする。レフリー役のコーチや支援者がゴール付近に立ち、シュートするたびに、クリースバイオレーションの有無を判定して伝えることで、プレーヤーもすぐにフィードバックができ、より意識してプレーすることができるようになる。

【ゲームを楽しむための応用練習】

　ゲームを楽しむためのポイントは、大きく二つあると考えている。一つは、基本練習で学んだルールをゲーム中に守ること、もう一つは、チームのメンバーと協力してオフェンスやディフェンスに取り組むことである。

　基本練習の内容がうまくできているとき、ルールが守られているときは、大いに称賛する。誤ったプレーをしているときは、ゲームを止め、その都度正しい方法を確認する。

　また、チームメイトと協力するスキルを学べるように、オフェンスとディフェンスを明確に分けて練習を行い、その後、正式なゲームへと発展させるようにする。

ア　オフェンス練習：チームゲームを行うためには、まず敵と味方を認識できなければならない。そのために、最初は、パックを取られないように敵をかわし、ゴールにシュートする1対1の練習に取り組む。敵として適度なプレッシャーを掛けるために、ディフェンス役はコーチが行う。

　次に、敵に進行を阻まれたときに味方にパスを出し、さらにパスを受けてシュートをする2対1の練習に取り組む。味方に出したパスが返ってきて、自分にシュートチャンスが生まれるという経験は、自分から味方にパスをする動機付けとなる。これらの練習で、敵と味方の役割を理解する。

イ　ディフェンス練習：2人一組でディフェンスチームをつくり、コーチを含む3人一組のオフェンスチームにシュートをさせないよう、30秒間守り切るという練習を行う。

　オフェンス練習、ディフェンス練習いずれも、成功体験がプレーへの意欲を引き出す

ので，相手となるコーチの力加減が重要である。
ウ　ゲーム：基本練習やオフェンス練習，ディフェンス練習の成果を発揮することで，ゲームがより楽しいものとなる。そのためには，チームのメンバーや対戦チームの競技能力が，可能な限り同程度であることが望ましい。また，必要な場面では適宜ゲームの進行を止め，練習したことを再確認しながら，安全に楽しくゲームができるように心掛ける。

【個人技能競技】

支援度の高い知的障害者や高齢者など，チーム競技への参加が困難と思われる人には，個人技能競技の練習を紹介している。個人競技には次の4種目がある。
ア　ゴール周りにセットされたパックの連続シュート
イ　パイロンの間をねらってのパス
ウ　一定間隔で並べられたパイロンの間を通りながら，パックをスティックで運び，ゴールへシュート（タイム計測）
エ　六分割されたゴールのターゲットをねらうシュート

スペシャルオリンピックス日本のフロアホッケーの公式ルールに，距離や回数など詳細な規定が示されているが，練習では参加者の能力に応じてアレンジしている。最初は意欲を喚起するために，成功できる距離から始め，徐々に延ばして公式ルールの条件に近づけていく。ある生活介護施設の利用者は，最初はシュートの距離が10cmほどだったが，月1回の練習を1年間続けた結果，5mまで距離が延びた。ゴールにシュートが入ったときは，満面の笑顔を見せて喜んでいる。

3　考察

新潟で開催されたスペシャルオリンピックスの冬季ナショナルゲームでは，デモンストレーションではあったが，障害のある人とない人がチームメイトとして競技するユニファイドスポーツ形式でフロアホッケー競技を実施した。また，日本フロアホッケー連盟は，年齢，性別，障害の有無を問わないユニバーサルなチームが参加できる全国大会を毎年開催しており，新潟からも，スペシャルオリンピックスのアスリートや特別支援学校の生徒，保護者やボランティア，教師などで構成されたチームが複数参加している。2015年には，新潟市内の特別支援学校生徒と隣設する高等学校生徒が，一緒に練習に取り組み，大会でその成果を発揮した。フロアホッケーは，多様な人たちが互いを尊重し，支え合うことのよさを実感できるスポーツであり，ユニバーサルなスポーツとして広く普及していくことが大いに期待される。

今後は，多様な人たちが一緒に，より安全により楽しめる練習内容の研究を続け，ユニバーサルなチームによる競技会を県内でも継続的に開催し，参加を呼び掛けたい。

〈久保田　健〉

※フロアホッケーの詳しいルールは，下記サイトを参考のこと
　スペシャルオリンピックス日本　http://www.son.or.jp/
　日本フロアホッケー連盟　http://w2.avis.ne.jp/~fhjapan/

地域の障害者とボランティアを巻き込んだ スペシャルオリンピックス陸上競技
～卒業生も参加できるスポーツ組織の活動～

●1● 取組の概要

　平成11年4月，現任校着任。その年から兵庫県立神戸特別支援学校の部活動の取組が始まる。しかし，私は当時，知的障害児の養護学校での部活動に反対する立場だった。理由は，生徒の卒業後の活動につながらないと思ったからである。

　平成13年6月，スペシャルオリンピックス日本（以下「SO」及び「SON」）の支部として兵庫組織（SON兵庫）が誕生する。当時担当していた生徒の保護者の情報で，陸上競技の活動場所確保に苦労していると聞き，校長と相談。平成15年より本校のグラウンドと体育館を使用して，陸上競技のプログラムを開始した。

　毎年，3月から11月の第2・4日曜日，午前10時から12時の活動を続けて13年が経過した。この活動なら知的障害のある生徒でも，卒業後のスポーツ活動につなげられると感じたからである。

　SOとは，知的障害者に日常的なスポーツ活動の機会と，その成果の発表の場である競技会を，年間を通じて提供しているスポーツ組織で，4年に1度のナショナルゲーム（夏季・冬季の全国大会），その延長線上にワールドゲーム（世界大会）も実施されている。種目も陸上競技や水泳だけでなく，卓球，バレーボール，サッカー，ゴルフ，乗馬，スキー，スケートなど，今，日本では20種目を超える競技が実施されている。

●2● 指導の実際

　SOの活動は知的障害者本人（アスリートと呼ぶ。以下「A」）と指導者だけで成り立つのではない。運動を指導できるコーチと保護者（ファミリーと呼ぶ。以下「F」），スポーツ活動や組織運営全般を支援するボランティア（以下「V」）から成り立っており，コーチやVの中には様々な立場の人がかかわっている。障害者のVというと学校の先生か施設職員が多かった時代に，アシックス，富士ゼロックス，ソニー生命などいろいろな企業の関係者がかかわっていた。ライオンズクラブの会員，学生など，多様な人材が集まっている。開始当初は学校関係のVは，私一人であったが，今ではSOの活動を理解した教員が活動にかかわってくれている。継続的なかかわりによって，学校だけでは得られない，指導力の向上が見られている。

　SOは，希望すればどんな重度の知的障害者も受け入れるというのも特徴の一つで，視力に障害のあるAや50歳のAも参加している。以前には車いす利用のAが参加しているときもあった。学校では定期的に活動の紹介を行っており，参加Aは増え，一時は50名を超えるときもあった。障害の程度は重度から中度域のAがほとんどで，最近は軽度の参加者が増えてきている。

会場に到着したＡは，グラウンドをゆっくりジョギングして開始を待つ。全員で準備運動の後，前半・後半の２部に分けてトレーニングを実施している。前半は運動能力や課題，年齢・性別を考慮し，グループに分かれ「動きづくり」の練習。休憩の後，後半は記録測定や投擲，跳躍，リレーの練習を行っている。

トレーニングの流れ
・ジョギング
・準備運動
・１部　45分
・休憩
・２部　45分
・整理運動　連絡

①　準備運動

　集合状態を見計らって，全員で集まって準備運動を実施している。内容は，前に出るコーチにより様々である。

　「立ち幅跳び」の練習は，準備運動の中で行っている。毎回行うことで積み上げができる。そして，何よりＶ，Ｆがマンツーマンで指導できることがメリットである。踏切位置に線を引き，①ラインを踏まない，②手の反動を使って跳ぶ，③目標に印を付け，そこを目指して跳ぶ，④目標がなくても「より遠く」を理解して全力で跳ぶ，⑤着地したら前に移動する，という練習を繰り返す。Ｖ，Ｆがマンツーマンで練習にかかわっているので，学校の活動よりきめ細かな指導・支援が可能である。

②　１部（前半）のプログラム

　本校のグラウンドは１周約100m。20mの正方形に半径10mの半円が付いたトラックである。それをレーン幅1.2mで４レーン描いている。そこで２グループが２か所（３か所のときもあった）に分かれ，基本的な動きづくり（体を上手に使って動かす）の練習を行っている。陸上競技なので，速く走る，遠くへ跳ぶ，投げるということが究極の目標であり課題である。

　どのＡもそれなりに走る。しかし，それが全力を出して走っているかというと，なかなかそうはいかない。競走になると急に速くなるＡもいるが，競走でもゆっくりしか走れないＡもいる。「全力で！」という言葉で説明しても，言葉の意味と実際の行動・イメージが一致しない。

　理解力，運動能力も様々なＡが参加している。そんな中でたどり着いたのが「全力で走る」という課題より，「レーンを意識し，レーンの中を走る」という点である。陸上の競技会は公認の競技場で行われる。その際，レーンの中を走るというのは最低限要求される課題である。「白線の中を走る」ということを第一の課題として練習を進めている。この課題を明確に示すために，トレーニングのときは，毎回きっちりと４レーンあるトラックを描いている。そのレーンを使って様々な運動を実施している。速く走ることに必要な要素や，健康・安全な身のこなしを身に付けるための目標は個々それぞれだが，個別の課題に合った運動を展開できればと考えている。

③　２部（後半）のプログラム

　50m走や立ち幅跳び，ボール投げの記録を取ったり，ボール投げの練習をしたりすることもあるが，リレーの練習に充てることが多い。参加しているＶやＦが活躍できる場

面を増やすことができ，応援を受けることでAがとてもがんばる姿が見られる。リレーは一体感の中で練習を進めることができる。

リレーの練習はいろいろと試行錯誤しながらやってきた。4人のAがグループを組んで並び，バトンの受け渡しの練習（その場で，歩きながら，走りながら……）をした後，実際にリレーをする。この流れで長い間，練習を繰り返していたが，ほとんど成果が上がらない。そこで行き着いたのが，次のような練習である。

3人1組の4チームが各レーンに入り，1人半周ずつ走ってバトンをつなぎ，一定時間走り続けるインターバルトレーニング形式の練習である。第1走者が第2走者へバトンを渡すとその場で待ち，第3走者からのバトンを受けてまた走る。このように走りながら，3分間バトンの受け渡しを繰り返す。「レーンを守り白線の中を走る」「チームのメンバーを意識し，言葉掛けなどがなくてもバトンを渡せる」「走りながらのバトンパスができる」と目標はそれぞれだ。これを2セット以上行う。この練習を始めてから，バトンパス技術は格段に進歩した。スムーズな受け渡しができている。内側レーンと外側レーンでは距離の違いが生じる。これを利用し，走力の違うAの競り合いを演出できるのも利点だ。

この練習でわかってきたことがある。私たちは刷り込み的に，右手でバトンをもらい左手でバトンを渡そうとする。陸上関係者だと，右・左・右・左のバトンパスを指導しようとする。しかし，コンマ何秒を争う競技会でなければ，右手から右手のバトンの受け渡しであっても，なんら問題はない。ぶつかることはなく，スピードが落ちることもなく，スムーズなバトンパスをしている。右や左と指導する側が声を掛けなくても，自分のやりやすい手でバトンをもらい，また渡す。余計な声掛けがないので混乱することもない。

今ではVもFもかかわり方に慣れてきており，大変いい雰囲気でリレーの練習ができている。

④　雨天の時

雨天時こそ，体育館のある学校を利用している利点が発揮される。

内容的には晴天時とほぼ同じで，2部（後半）の内容が変わる程度である。その部分は参加コーチによるボクササイズであったり，サーキットトレーニングになったりといった具合である。

●3● 考察

参加者は，AもFもVも楽しく活動している。記録が伸びたり，運動がスムーズになったりするためには，理屈よりも回数である。知的障害者の場合，この傾向はさらに強い。楽しく，飽きることなく練習を繰り返すことによって，「障害の重いAがここまでできた！」という場面も見られるようになる。

スペシャルオリンピックスには，よい点がいろいろある。

・卒業後も活動に参加できる。
・いろいろな分野・年齢のVがかかわる。
・独自の競技会があり，それは世界大会につながっている。

・マスコミや政財界からバックアップを得る術を知っている。
・長いスパンでAとかかわることができる（13年間かかわっているAもいる）。
・指導の効果が長いスパンで確認できる。

などの点が挙げられる。私は，13年間，校務とは関係なく一人のVとしてかかわってきた。これは，V同士の対等な関係を維持するためである。お蔭で，学校の活動や行事だけだと得られない広がりがあったと思っている。学生Vとしてかかわってくれた者が教師になったり，福祉現場で活躍したりしている。

　しかし，問題点もある。それは，冒頭に示した卒業後のスポーツ活動，知的障害者の余暇の充実という点である。

　この10年，福祉サービスが格段に変わった。それに伴い，知的障害者を取り巻く生活環境も大きく変わってきている。移動支援があり，放課後支援があり……保護者がかかわらないところでの余暇時間の過ごし方が充実してきている。

　特別支援学校でも部活動が盛んになり，それに参加する生徒も増えた。この部分でも余暇の充実が窺える。また，軽度の障害者が入学するようになり，知的障害者のイメージも変わってきている。

　そんな中で，SOの参加A数が減ってきた。保護者の参加が要求されるSOの活動が敬遠されているように感じる。部活動に1人で参加することができる生徒の保護者は，自分が参加しなければならないSOに興味を示さない。結局，SOに参加している知的障害者は，保護者がスポーツや子供の余暇の使い方に関心が高いか否かにかかっている。

　SOは世界につながっている。世界大会の魅力は大きい。その世界大会を目指して参加してくるAも増えている。こういうAは概して知的障害の程度が軽度のAである。軽度の参加者が増えると，どうしても障害の程度が重度のAやFは遠慮してしまう。「うちの子が負担をかけている」「迷惑をかけてしまう」と感じて活動自体に参加しないケースも出てきている。

　希望すれば，どのような重度の知的障害者も受け入れるという理念をもつSOであるが，その理念が揺らいできているように感じる現状である。

〈田中　一行〉

卒業後・地域の実践

知的障がい者サッカー
～卒業後の居場所づくり～

・1・組織概要

- 名称：IBISサッカークラブ（知的障がい者サッカー）
- 代表者：保護者の中から会長1名、副会長2名、会計1名を総会の承認を得て決定
- 所在地：岐阜県土岐市泉町河合根ノ上1127-10（岐阜県立東濃特別支援学校）
- 設立年月日：1997（平成9）年4月12日
- 経費：会費、寄付金、県からの助成金
- 会員数：70名（県内中から集まる小学生～大人）
- 目的：在校生、卒業生がサッカーを通して、楽しむことのできるスポーツの実践、親睦、体力の向上を図るとともに、生涯体育の場の確保

・2・発足に当たって

　はじめに、スポーツは、人とのかかわり方、感情のコントロール、自己決定能力等も身に付けることができる場であるとともに、社会的な資質を向上させる等の効果がある。知的障がいを有する子どもたちは、生後すぐに発育や発達に遅れを示すことが多く、同じ生活年齢の子どもと遊んだり、スポーツをしたりすることが青年期になるほど少なくなる。そうしたことから、家で過ごすことが多くなることで、過食傾向や肥満傾向、社会的な経験不足等の二次影響を受けやすい。知的障がい者の健康を守るという点、社会性を身に付けるという点からすれば、スポーツは知的障がい者にとって重要なものであり、健常者以上に豊かな生活に有益なものであると考えられる。

　岐阜県内の特別支援学校（旧：養護学校）の創立当時は、授業や多様な実態の児童生徒の支援方法、学校の体制づくりを重視し、障がい者の部活動、スポーツについて考える余裕や資金がなかった等の理由から、学校部活動等の運動をする場を設けることができなかった。しかし、特別支援教育にあっても教育は知・徳・体にわたる人間関係を目指す活動であり、体育・スポーツは教育の重要な部分を占めると考えられるようになり、1984（昭和59）年に岐阜県特殊教育学校体育連盟（現：岐阜県特別支援学校体育連盟）が創設された。これを機に、学校部活動や休日のスポーツクラブの活動が行われるようになった。しかし、障がいがあるということで、参加する前からできないというレッテルを貼られて、自信をなくしたり、不登校になったりする子どもたちは多く、保護者も、友達とかかわることが難しい、ルールのあるスポーツは無理であろうとの諦めから、スポーツをするということ

に踏み切れない現状もあった。

　そこで，本校においても，スポーツを通して成長できる場を，卒業後にもつくりたいという保護者の願いを受け，保護者と本校職員が協力してIBISサッカークラブを1997（平成9）年に設立した。

　さらに県内の動向として，岐阜県では2012（平成24）年に開催された全国障害者スポーツ大会「ぎふ清流大会」

IBISサッカークラブの選手たち

を機に，障がい者スポーツに対する関心や理解がさらに深まり，障がい者がスポーツに親しむ機会の拡充，社会参加が推進されるようになった。岐阜県は，障がい者スポーツへの関心を一過性のものにするのではなく，更なる障がい者スポーツ振興を図るための一団体としてIBISサッカークラブを普及促進団体とした。フットサル交流，FC岐阜の前座試合，他県のクラブとの交流，フェスティバル等の活動を岐阜県障害者スポーツ協会の協力を得ながら行い，県内の障がい者スポーツの普及の大きな役割を担うようになった。また，特別支援学校の部活動も盛んになってきたことに伴い，岐阜県特別支援学校体育連盟も岐阜県高等学校体育連盟の組織形態を参考にし，2014（平成26）年，五つの専門部（陸上競技，サッカー，バスケットボール，バレーボール，フライングディスク）を立ち上げ，大会，記録会，講習会の開催・助成，体育活動及びスポーツに関する広報活動を行うようになった。

　IBISサッカークラブの創立当時は，スポーツが知的障がい者にどんな効果をもたらすのかわからず，保護者も職員も不安をもって活動を始めたものであった。しかし，活動を通して，子どもたちの肉体面だけでなく精神面の成長を身近で感じ，健常者と同じような成長や変化を障がいを有する子どもたちの中に見ることができた。この辺りから，数年前に始まった卒業生を含めたクラブ活動が周囲に認知されるようになり，県内中にサッカー，陸上，バレー等，数種目のスポーツを定期的に行うことのできる場が増えた。

● 3 ● 維持・管理

　IBISサッカークラブの会員については，近年，サッカー部に所属した生徒が特別支援学校高等部卒業後に入会するだけでなく，地域の小中学校の特別支援学級に通う小学生や中学生が余暇活動の場を探して入会希望をするケースが増えてきた。それは，新聞やラジオといったメディアや，協力を得られた地域のスポーツ店で知的障がい者サッカーの活動を積極的に紹介してもらえる等，地域での理解が深まってきたことが理由であり，そうした支えがあったため18年間続けることができたといえる。また，地域，保護者がスポーツの効果を理解し，子供の成長を長期的な視野で考え，サッカークラブの活動に限定することなく，健常者サッカークラブとの交流，FC岐阜の試合前のスタンド掃除等のボランティア活動や前座試合といった，サッカーを介してみんなが楽しむことのできる活動を行

っている。障がい者の理解を地域に広めることにもつながるこうした取組が，サッカー経験のない人の入会も促し，子供たちにとってクラブが月に２回の仲間と顔を合わす大切な場所となり，参加率の高さにつながっている。

　指導者については，現在，学校職員の他，一般・学生ボランティアに協力してもらっている。また，選手たちが普段から自分たちで課題を出し合い，トレーニングメニューを考えていることから，競技力向上を目指してがんばっていた選手が現役を退いた後，指導者の補助をするなど長い期間クラブにかかわり，チームをサポートする体制ができている。

　活動場所については，クラブの会員数が増えたため，参加しても十分な運動量を確保することができないという課題が生じてきた。そこで，グループを三つに分け，二つのグループは本校のグラウンドで練習を行い，一つのグループの活動場所を地域の社会人リーグにし，一般の方とサッカーをすることにした。このように，個に応じた活動場所を確保することで，より多くの選手が十分に活動できる時間，運動量を確保できるようになった。その社会人リーグでプレーするチームは，今では知的障がい者サッカー岐阜県選抜として活動をしている。

　運営費については，会費と岐阜県障害者スポーツ協会からの障がい者スポーツ普及・促進事業助成金から指導者費，大会運営費，バス代，道具代等を支出し，年間を通して選手たちが２か月に１回行われる大会参加やイベント等の行事に期待や目標をもって参加している。これも，参加率を上げ，長期にわたって活動ができる一つの要因だと考えられる。

4　現在の活動

　IBISサッカークラブは，先に述べたように東濃特別支援学校の在校生や卒業生がサッカーを通して，楽しむことのできるスポーツの実践，親睦，体力の向上，生涯体育の場を確保することを目的として，保護者主体で1997（平成9）年より継続している。

　練習の他に，普及促進活動として次の５点の活動を保護者主体で行っている。

- ・県内の特別支援学校サッカー部や卒業生クラブを招きサッカーフェスティバルの開催
- ・県外のサッカークラブとの交流会
- ・地域の指導者によるサッカースクール
- ・学校区内の特別支援学級とのボール遊び交流会等を実施
- ・レクリエーション活動

　小学生から大人までが県内から集まり，日曜日の９時～13時に月に２回，東濃特別支援学校グラウンドや隣接した高等学校のグラウンドを借りて，本戦の部（競技力向上を目指す），フレンドリーの部（楽しく身体を動かす）の２グループに分かれて活動を行っている。

　そこで，先に述べた地域の社会人リーグに参加しているチームは，県内から競技力向上を目指す選手が集まり，現在は岐阜選抜チームとして活動をしている。この岐阜選抜チームも，IBISサッカークラブと岐阜県障害者スポーツ協会に協力してもらいながら活動を行うことができている。県内から選手が集まり活動を続けることは，地域の方に知的障が

い者サッカーを知ってもらう場となるだけでなく、全国障害者スポーツ大会、全日本知的障害者サッカー選手権大会等、全国規模の大会の予選を勝ち上がるほど競技力向上につながった。こうして、楽しく活動できる場所を確保することから始まった活動は、18年をかけて県内に知的障がい者サッカーの理解を深める効果をもたらした。

全国障害者スポーツ大会「長崎がんばらんば大会」

5 考察

私たちは特別支援学校高等部3年間の部活動だけでなく、卒業後も継続してスポーツを続ける環境を整える中で、以下の5点の力が身に付くことを願い、保護者と共通理解しながら子どもたちとかかわっている。

- ・日常から何が最善であるか考える力
- ・地域の一員として役割を認識する力
- ・困難を乗り越える力
- ・弱者へ配慮ができる力
- ・自分で考え、解決する力

このような願いを受けて、主体的に活動に参加する子供たちの変化は、運動をする場面だけでなく、日常生活の中にも着実に見られるようになった。以前は、課題に対して「どうしよう」と指示を待っていたのが、「とりあえずやってみよう」と思えるようになり、1人が課題への解決策や役割の手順等を提案すると、いつの間にか全員がそれぞれの考えを言い、試合やトレーニングの間に話合いをする姿が見られるようになった。そして、「自分たちでやった」という達成感も得られ、自信にもつながった。

それだけでなく、周囲を見て行動したり、お互いに誘い合って練習に参加したり、個人差はあるが、思考力、判断力を高めて適切な意思決定ができるようになってきた。これは、障がいのない子供たちと同じような変化が障がいのある子供たちにも起きていることが予想される。知的障がいのある子供たちが今後社会で生きていくには、思考力、判断力を高め、働かせることによって、適切な意思決定ができることが必要である。

また、日常生活の中に存在するいろいろな危険に気づき、想定外の出来事に遭遇した場合に適切に対応できる実践的な態度を身に付けていくことが大切である。本クラブは、失敗経験から自信をなくした子供たちに自信をもって生活するためのきっかけづくりを行い、卒業後もサッカーを通して継続して学び、社会参加にもつながる力を育むことができる場として重要な役割を担っている。今後も地域に根差し、かかわりを広げながら、永続的に活動を続けていきたい。

〈三好　宗治〉

日本一を目指して
～卒業生を中心としたバスケットボールの活動を通して～

●1● 取組の概要

「豊田クラブ」（以下，「本クラブ」）は，2009（平成21）年に発足した女子バスケットボールチームで，愛知県立豊田高等特別支援学校（比較的軽度の知的に障害がある子供たちを教育し，職業自立を目指している学校）の卒業生を中心に組織し，若干名の在校生や他の特別支援学校の卒業生も在籍している。本クラブの活動日は毎週土曜日を中心に，豊田高等特別支援学校の女子バスケットボール部と合同で活動している。平成27年度は14名の選手が愛知FIDバスケットボール連盟に登録しており，社会人10名，在校生4名（年齢17～24歳）で，すべての選手が特別支援学校に入学してから本格的にバスケットボールの練習を始めている。また，「物づくり愛知」を象徴するように，社会人選手のほとんどは地元の大手自動車製造業の関連会社に正社員として就職しており，残業・夜勤，時には休日出勤を行いながらもバスケットボールを楽しんでいる。

本クラブは，社会体育の一環として活動を行っているが，我々コーチも豊田高等特別支援学校の教員であるため，選手たちとは在校時から接しており，信頼関係は構築されている。したがって，部活動で培った「挨拶・返事・報告」はもとより，コミュニケーションや身だしなみ等，生活態度全般に至るまで継続して社会人としての人格向上を目指して指導・監督できるメリットがある。

また，本クラブは，練習試合や交流も活発に行っている。地元のトヨタ紡織サンシャインラビッツとは毎年，親睦とスキルアップをねらいとしたクリニックでお世話になったり，近隣の中学校や高等学校とも積極的に練習試合による交流を行ったりしている。

大会については，愛知FIDバスケットボール連盟主催の交歓大会（7月，3月），愛知FIDバスケットボール選手権大会（11月），そして，日本FIDバスケットボール連盟主催のジャパン・チャンピオンシップ・バスケットボール大会（8月，以後，「チャンピオンシップ」）があり，愛知FIDバスケットボール選手権大会では2年連続優勝している。しかし，チャンピオンシップ（全国大会）については，いまだ優勝経験がなく，平成25年・27年は第2位，平成26年は第3位であった。したがって，毎年の目標でもあり，悲願でもある日本一を手に入れることを目指し練習に取り組んでいる。

●2● 指導の実際

① 練習の様子

練習は毎週土曜日の午前中を中心に，豊田高等特別支援学校で行っている。現役の選手は一般就労を目指しているため，部活動において体力づくりは必要不可欠である。練習メニューは，走運動のウォーミングアップをはじめとして，パス，ドリブル，シュートと

いった基本練習を中心に，1対1，2対1などの対人練習や，5対5のフォーメーションの練習を行っている。

練習の工夫としては，選手がその日の練習に見通しと目標をもって取り組めるよう，毎回の練習メニューを紙面にて示している。選手たちは，練習メニューに毎回興味を示しており，特にインターバルトレーニングの有無につ

写真1　ドリブルシュートの練習

いては関心が高く，負荷の高いインターバルがないほうが選手たちは喜んでいる。ウォーミングアップについては，概ね1時間を費やしており，リズミカルに運動できるようアップテンポの曲を選び，運動量を確保しつつも楽しくアップができる工夫をしている。今年度のアップ曲はE-girlsの「Follow Me」で，選手みんなで手拍手をしながら軽快に行っている。また，ラダートレーニングもアップに取り入れ，ドリブルをしながら行うことでコーディネーショントレーニングとしてもよい練習になっている。

表1　練習メニュー

12月10日（土）練習メニュー
1　インターバル（18秒，20秒，20本）
2　アップ（ラダー）
3　コーディネーション
4　サークルステップ
5　スクウェアパス
6　ドリブルシュート
7　パワーステップ
8　3対3
9　5対5
10　シューティング

表2　ラダートレーニングメニュー

ラダートレーニング（各2分） ※ボールあり
・クイックラン1マス1歩
・クイックラン1マス2歩
・ジグザグシャッフル
・ジグザグシャッフルボール回し
・バックシャッフル
・バックステップ
・サイドステップ
・サイドステップ1マスとばし
・クロスステップ
・キャリオカ（ボールを前に持って）

② 他チームとの交流

【県内のIDチームとの交流】

愛知FIDバスケットボール連盟に登録している女子チームは，本クラブを含め4チームある。中でも春日井クラブは，以前よりライバルチームとして交流も深く，合同練習や練習試合もしばしば行っている。愛知選抜も豊田と春日井の両チームからほぼ選出され，愛知県の中心選手を排出している。

【県外のIDチームとの交流】

大阪IDBBCとは，毎年2月に定期交流を行っている。豊田高等特別支援学校の男子OBチームを中心とする「豊田レインボークラブ」とともに，大阪市立難波特別支援学校を会場に土日の2日間で交流試合を行っている。数年続いていることもあり，選手・スタ

ッフともに親しく，ゲーム以外の場ではチームの境目なく冗談を言い合う等，社会人としての仲間意識も高い。

また，秋田県も大変親しくしているチームである。全国障害者スポーツ大会（以後，「全スポ」）で対戦したことをきっかけに，秋田県に行ったり，愛知に来てもらったりしている。また，互いに遠距離であるため，毎年交流できるわけではないが，全スポやチャンピ

写真2　秋田県チームとの記念撮影

オンシップの場では，距離を感じさせないほど打ち解ける選手たちの姿が印象的である。

【高等学校との交流】

愛知県立猿投農林高等学校女子バスケットボール部と愛知県立桃陵高等学校バスケットボール部との練習試合を年間に数回行っている。

当初，高校生の意識の中には，特別支援学校卒業生との試合ということで，ルールはわかっているのか，試合が成立するのかと不安な気持ちもあったようではある。しかし，本クラブの挨拶や練習を見るとその気持ちは薄れた様子で，遠慮したり，手を抜いたりすることなく全力でプレーしている。今では，来てもらうばかりでなく，高等学校に出掛けての練習試合も行っている。

【実業団との交流】

Ｗリーグに所属している地元チーム「トヨタ紡織サンシャインラビッツ」とは，7年間にわたり，クリニックを通した交流を行っている。内容は，アップとして手つなぎ鬼やハンドリングなどの基礎技術をはじめ，5対5のゲームまで2時間程度楽しい時間を過ごしている。特別支援学校に来て初めてバスケットボールを経験している本クラブの選手にとっては，ボールを自由自在に操ったり，ス

写真3　トヨタ紡織クリニック

リーポイントを簡単に入れたりする身長180cmを超える選手たちのプレーには，大変な驚きや刺激を受け，自分たちの憧れの選手としてＷリーグが地元で開催されるときには，応援にも出掛けている。

③　全国障害者スポーツ大会（全スポ）の出場を目指して

本クラブは，愛知の代表選手として選出され，全スポで優勝することも一つの目標としている。したがって，代表選手に選出されるためには，まずチームとして愛知のチャンピオンになることが大切であると選手たちに伝えている。そのためには，練習時間の確保が最も必要であり，夜勤明け1～2時間仮眠を取っただけで練習に参加したり，友達の誘い

を断って練習したりするなど，一人一人の強い意志と努力で愛知代表を手に入れようとしている。そして，愛知代表となることで地域や職場で認められ，自信と誇りをもって生活できるようになる。このように，全スポに出場することは，単に優勝を目指すだけでなく，バスケットボールを通して心と体を鍛え，社会の一員として貢献できる人を育てる機会と捉えている。

写真4　愛知選抜チーム

3 考察

　本クラブの指導を始めて7年目を迎えているが，部活動とクラブチームとが同じ指導者の下で，同じ場で活動できていることは，技術的にも精神的にも大きな影響を与えていると思う。現役の生徒たちは，本クラブの選手のプレーを見て憧れ，自分の目標にしている者も多い。また，本クラブの選手にとっても母校であり，恩師でもあるため，気軽に練習できることも日本一を目指すよい環境であるといえる。

　しかし，課題としては，社会人中心のチームであるため，最近では毎週のように土曜出勤があり，1か月以上も練習に参加できない選手もいるようになった。また，女子チームであるため，結婚，出産，育児，そして加齢に伴う体力の低下は顕著であり，練習ができない状況が続けば，必然的にプレーへの影響は大きくなり，チームを去る結果となってしまう。

　社会人として，仕事とクラブを両立することはとても大変であり，日頃から自分で生活や健康管理をしなければ選手として長続きはしない。そのために，練習日については，土曜日ばかりでなく日曜日にも設定したことで，継続的な練習ができるようになった。このように，選手たちの「バスケットボールで日本一になる」という熱い気持ちがある限り，近い将来必ずやこの夢を実現してくれることと信じている。

〈加藤　毅〉

高等部・卒業後の実践

知的障害者のバレーボールクラブ設立から維持管理について
～埼玉ユニオンズの取組～

●1● 取組の概要

　平成21年6月の時点で，埼玉県において知的障害者のバレーボールクラブチームは「埼玉ドリームス」の1チームのみだった。平成20年に埼玉県立特別支援学校さいたま桜高等学園（以下，「さいたま桜」）においてバレーボール部が創設され，埼玉県の知的障害者バレーボール人口が少しずつ広がりを見せている。これまで埼玉ドリームスの活動にさいたま桜が合同で練習をする形態を取ってきたが，さいたま桜の部員数の増加に伴い，合同での練習が場所や人数の問題により難しくなった。そこで，以下の理念に則り，新たなクラブチーム「埼玉ユニオンズ」を創設した。

・埼玉ドリームスを立ち上げた竹井彰彦氏の「埼玉県の子どもたちにバレーボールのすばらしさを伝えたい。バレーボールを通して人間形成を図りたい」。その強い思いを，埼玉県の知的障害のある子供たちに今後幅広く浸透させていくための新たな拠点とする。

・さいたま桜の部活動を中心としながら，卒業生と在校生の交流の場とする。また，さいたま桜の在校生，卒業生に限定せず，他の特別支援学校に在籍，卒業した者であっても，バレーボールを通して人間形成を目指す志がある者であれば加入できる。

・埼玉ユニオンズはクラブチームであり，任意団体である。任意団体であるため，加入や脱退などは本人の「自由」である。学生は学業に励みながら，社会人は仕事をしながら時間をつくって活動をしていくため，体力的にも精神的にも負担がかかるので，半端な気持ちでは続けられない。自由だからこそ「強い意志」と「燃える情熱」「固い絆」をもち続ける覚悟が必要である。

・さいたま桜及び埼玉ユニオンズでは，バレーボールの練習・大会を通して，チーム名の示すとおり，仲間との「ユニオン（結束）」を強める。結束を強くするためには「自分」と「仲間」を大切にする気持ちがなくてはならない。同級生との絆を深めるのみにとどまらず，先輩・後輩の関係を重んじ，謙虚な姿勢で誰とでも接することを心掛ける。自分にとって，みんなにとって「居心地のよい場所」であり「必要な場所」にする努力を惜しまないものとする。

　創設8年目を迎え，創部当初3名だった部員は現在19名。部員の構成は主にさいたま桜の在校生，卒業生であるが，他の特別支援学校からも数名が加入している。年齢幅は，創部当初から続けている24歳になる選手から15歳の学生まで所属しており，クラブの拡大とバレーボールの普及が漸進している。

2 指導の実際
① 目標の設定
クラブの目標は、埼玉ユニオンズの存在によって一人一人の選手が、
- アイデンティティの構築……「自分」と「仲間」を大切にしようとする意識がもてる。
- 自己肯定感の構築……認められている実感と、居場所のある安心感が得られる。
- 課題解決能力の育成……目標の設定・努力・成果のサイクルの中で、自信が得られる。

そのようなチームを目指している。バレーボールチームである以上、当然「やるからには真剣に取り組み、大会で勝てるチームを！」という目標はある。しかし、勝てば何でもよいわけではない。他者を尊重し、礼儀を重んじ、謙虚な姿勢を大切にできない集団では、成長も存在価値もない。バレーボールの試合において「勝っても気分の悪い試合がある。一方、たとえ負けても充実感のある爽やかな試合もある」ということを踏まえて、次のような試合ができるチームを目指している。「よい内容で試合に勝ち、全員が充実感のある試合ができるようにする！」。この目標を達成するために何が必要なのか考えて取り組む。バレーボールを通してお互いに共鳴し、認め、支え合って、一つの目標に向かえるクラブにするため日々練習に励んでいる。

② 練習の環境
本クラブチームの練習環境は決して恵まれているとはいえない。さいたま桜には体育館がないため、天井までの高さが4m弱、バレーボールコート1面分も確保できない狭いホール（写真1）で平日練習を行っている。バレーボールネットも9m幅を確保しようとすると、天井に設置されているプロジェクターの下で練習することになり、ボールが当たって破損する危険があるため、6m幅の簡易ネットを立てて行っている。

写真1　練習場所の状況

このような環境による練習への影響は大きい。まず、バレーボールの基礎技術であるパス練習では天井にボールがぶつかってしまうため、パスラリーが途切れやすい。また、天井にぶつけないように意識し過ぎると、体が萎縮してしまいパスフォームが乱れる。サーブ練習ではバレーボールコートが取れないため、距離感がつかめない。レセプション練習では、相手コートから打たれるサーブに対する距離感やボールの落下地点を予想することが通常より難しくなる。スパイク練習は、天井が低いためサード・テンポ（※1）の攻撃練習が一切できない。そのため、空中に浮いているボールに対してタイミングを計り跳んで打つスパイクの感覚を身に付けることは難しい。

このようにバレーボールの基本技術練習が思う存分にできないことも悩みどころである

が，バレーボールの楽しさであるラリーやつなぎの練習をしにくいことが一番の課題である。例えば，つなぎの基本であるディグから2段トスの練習をすると，強打レシーブはボールが天井や壁にぶつかってしまい，2段トスはトスの軌道を確保できないため，トスを上げるところまでしかできない。スパイク練習に欠かせないトスも，トスアップをするとよりボールがネット上に浮いている滞空時間が短くなるため，タイミングがさらに取りづらくなる（写真2）など，練習環境による制限は大きい。

写真2　天井の低さによる練習への影響

③　練習計画／恒常的な練習内容

学生は部活動として平日練習を週4日。毎週日曜日には，学生と社会人が合同で半日練習を通年で行っている。日曜日は他校の体育館を借用して練習ができるので，平日練習で思う存分にできない分を補えるように，休日練習に取り組んでいる。

主な練習内容は以下の表のとおりである。平日練習は1時間。練習内容は年間を通してほぼ変えずに行っている。バレーボールの練習内容は多くあるが，練習環境の制限の他に，学校の規則として練習時間の制限もある。さらに，さいたま桜の特色である現場実習への通年での参加が大きな理由になる。学生は1回につき1～2週間の現場実習を年に数度行っている。稀ではあるが，1か月間の現場実習に参加することもある。このような現場実習後は，練習で培った技術・体力が低下する。そこで，確実に技術・体力を向上させていくために，平日練習の練習項目を絞り定着を図っている。また，生涯働き続けるための体づくりとして体幹トレーニングに取り組んでいる。練習を通して，運動，食事，休養の大切さを理解し実践することで，卒業後の生活を健康に過ごし，8時間の立ち仕事を苦にしない体に鍛えることを目指している。

平日練習（月・火・水・金）
16:00～　挨拶，ウォーミングアップ，体操
16:05～　各種ダッシュ
16:10～　パス（キャッチボール～対人パス）
16:30～　ディグまたはレセプション練習
16:40～　スパイクまたはブロック練習
16:50～　片付け，体幹トレーニング
～17:00　整理体操，挨拶

写真3　体幹トレーニングの様子

④　大会参加及び実績

創設1年目から積極的に大会に参加している。参加している大会及び近年の実績は以下のとおりである。

時期	大 会 名	大会規模	実 績
5月	全国障害者スポーツ大会 関東ブロック地区予選	関東圏内の都県市の選抜	H25 優勝。 H21～23, 26, 27 準優勝
7月	東京ゆうあいバレーボール大会	関東圏内の特別支援学校及びクラブ	H21 優勝 H22, 23 準優勝
8月	全日本IDバレーボール選手権大会	全国の特別支援学校及びクラブ	H23～26 全国大会準優勝
11月	彩の国ふれあいピック バレーボール大会	埼玉県内の特別支援学校及びクラブ	H21～27 7年連続優勝

3 考察

　本クラブの今後の課題は「維持」と「発展」である。

　クラブの維持・発展は，クラブ運営のみで解決できるものではない。社会人になってもバレーボールを続けていくためには，本人の意志の他に勤務する会社の理解がなければならない。これまでさいたま桜を21名のバレーボール部員が卒業した。しかし，社会人になってからも毎週バレーボールを続けているのは7名である。仕事の都合がついたときのみ練習に参加をする社会人が2名。つまり，社会人になっても続けている卒業生は半数以下である。続けられない理由は，バレーボールを生涯続けていこうとする気持ちがないケースもあるが，日曜日も仕事が入っているため練習に参加できないケースも多い。バレーボールをしているのは知的障害の程度が軽度である者がほとんどであり，仕事もきちんとできる者が多い。職場でも努力が認められ評価を受ける一方で，休日出勤が増え，バレーボールから離れていく結果となっている。職場でのコミュニケーションを円滑にし，余暇活動であるバレーボールへの取組を理解してもらえるように働き掛けていく必要がある。

　現在，本クラブは学生と社会人が混在する中で，学生と社会人が共に練習する場を設けることでお互いよい刺激を受けることができるようになってきている。社会人は仕事の悩みや苦労を出し合うことで翌日からの仕事に再び意欲を高め，学生は現場実習と違う生の就業体験談を聞くことで，社会人になったときの心構えを学ぶ場となっている。今後もバレーボールの普及活動を続けながら，社会人として「就職」するだけでなく「就労」できる人材の育成に力を入れていきたいと考える。

〈大澤　慶之〉

※1　セット・アップを基準とした時間軸の中で，アタッカーの助走動作がどのタイミングで行われるかを呼称する区分方法。助走動作がセット・アップより前に行われるものを「ファースト・テンポ」，セット・アップと並行して行われるものを「セカンド・テンポ」，セット・アップより後に行われるものを「サード・テンポ」と呼ぶ。

家族で支える生涯スポーツ
余暇活動「空手」の取組を通して

•1• 取組の概要

　余暇を有効に活用し，将来に向けて趣味を増やし，寄宿舎及び卒業後の生活において必要な礼儀や協調性を身に付けるとともに，生徒が目的をもって意欲的に生活するための支援を目的とし，平成11年に寄宿舎余暇活動の一環として空手道同好会を発足した。

　練習日は，毎週月・火・木（16～18時）であり，他に学校で毎週水曜日の放課後，部活動を行っているが，部活動がない場合は，寄宿舎の同好会活動に切り替えている。

　例年，20名前後が同好会に入会しており，平成27年度の会員数は19名である。

•2• 指導の実際

　青森県立青森第二高等養護学校で指導している空手は，形（架空の相手を想定して，決められた技を1人で演武する）と，組手（寸止めの技を出し合い，直接相手と対戦する）の2種目を行っている。

　ほとんどの生徒が，本校に入学してから空手を始めている。今回紹介する卒業生Yくんも空手は未経験だった。当時は，全日本空手道連盟主催の全日本障害者空手道大会が年に一度開催されるようになった頃で，本校も参加させていただくことができた。特別支援学校で空手道同好会として活動している団体は他にはなく，数多くの生徒を試合に送り出すことができた。

　結果として，大会で多くの生徒が入賞し，そのことが地域の新聞で取り上げられ，青森県や青森市からは優秀選手賞などをいただいた。何より，この大会を経験したことで同好会に所属する全員に大きな目標ができ，少しずつ自信にもつながり，日々の厳しい練習に加え，夏季合宿，強化練習などのプログラムをクリアできる忍耐力と体力を習得することができた。

　しかし，よいことばかりではなく，途中でやめてしまいそうになる生徒，思うように技を覚えることができずに投げ出しそうになる生徒もいた。そのたびに，保護者に現状を伝えて生徒の心の支えになってもらい，一緒になって乗り越えたことが何度かあった。また，「空手をやるために学校生活と寄宿舎生活をないがしろにしないこと」を私たち顧問が共通理解して日頃の指導に臨んだことで，生徒の自律心も芽生え始めた。

　Yくんもこの目標を達成するために，よくがんばった。毎日の練習を重ねることで汗をかき，洗濯物も多くなる。練習で疲れているのに，たくさんの洗濯をしなくてはいけない，疲れて眠いが，前日に干した洗濯物を収納しなくてはいけないなど，親元を離れての生活は，高校生にとって楽なものではなかった。

　3年間の高校生活を経て，Yくんは地元のスーパーに就職が決まった。本人と保護者

の希望で，卒業後も空手を継続するため地元の道場に入門したが，このとき，道場の師範をはじめ，かかわる方々にYくんの障害を理解してもらうようにした。本校の空手同好会を設立した職員は，青森大学空手道部監督，青森県空手道連盟の理事などの経歴があったことから，Yくんの障害，家族の協力体制を伝え，指導を引き受けていただ

くこととなった。また，Yくんの母親も積極的に周囲の方々と打ち解け合い，Yくんを後押ししてくれたことでスムーズに練習に溶け込めた。

　しかし，社会人として仕事をしながら道場に通い，高校生や一般男子の中に入って稽古をしていく大変さ，また，特別支援学校での空手とはまったく違う練習量や激しさに，今までひたむきにがんばってきたYくんも挫折した。

　卒業後数年して，「今年は大会に出ません。空手もやめます」そんなメールが突然入り，Yくんの母親にすぐ連絡を入れ，本人からも話を聞いた。「友人は仕事の後，自由に遊んでいるのに，自分は稽古に行かなければいけない」「仕事との両立が難しい」など，無口な彼がたくさん話をし始め，痛いほど衝撃を受けた。Yくんが苦しんでいたことに，私はどれくらい気づいていたのだろうか。一般男子との激しい練習，コミュニケーションの難しさ，ハンディキャップを抱え，その先にある壁に激しくぶつかっていたのだ。

　しかし，Yくんの母親は，「ここで終わらせたくない。息子はできる力をもっている」と，最後まで諦めなかった。Yくんに障害があることを受け止め，幾度も困難を乗り越えてきた母親が，息子の可能性を信じている。そんな母親の姿に感動し，私もYくんを信じて，練習を続けるよう数か月間本人を励まし続けたところ，最後の大会にするということで，その年の大会に参加することになった。

　Yくんは，今まで身に付けてきた技で勝ち上がったものの，決勝に進むことはできなかった。しかし，その負けた経験がきっかけとなり，勝ちたいという思いがYくんに芽生えた。その後も彼は仕事と空手を両立し，現在も大会に向けてがんばっている。母親の信じる力が，息子の壁を乗り越えさせたのだと思った。平成27年10月には，黒帯も取得した。

3 考察

　子供にハンディキャップがあることで，家族，特に母親はいくつもの葛藤と向き合っている。本校に入学するまでに，家族はどれくらい壁を乗り越えてきたのだろう。そんな家族が，空手道を通じて目標に向かっている姿を見ると，指導者として大きな喜びを感じる。

　これからも，生徒と家族が生涯スポーツとして空手に親しみ歩んでいけるよう，力の限り支援していきたい。

〈中畑　牧子〉

秋田県特別支援学校体育連盟の設立と活動内容，今後の展望

卒業後・地域の実践

•1• 体育連盟設立までの歩み

　平成12年度まで，それぞれ開催されていた「全国身体障害者スポーツ大会」と「全国知的障害者スポーツ大会（ゆうあいピック）」が，平成13年の宮城県開催から統合され，「第1回全国障害者スポーツ大会」の名称で開催された。

　その当時から秋田県内の特殊教育学校（当時）では，諸教育活動を通してスポーツに親しむ学校も多く，特に全県規模の大会である「ゆうあいスポーツ大会」は，知的障害者が参加する大会であり，各校が練習で付けた力を発揮する場として定着していた。また，盲学校や聾学校の生徒は，野球や陸上競技で東北大会，全国大会に出場して多くの実績を残していた。そして障害者スポーツへの取組は，幼児児童生徒の自立の意識を高めるとともに，堂々と自分の意思で社会へ参加することを支援することにつながる状況もあった。こうした各学校の障害者スポーツへの取組が高まってきていた同年に，秋田県教育委員会では「特殊教育学校スポーツ振興事業」をスタートさせた。本事業は「スポーツ人口の拡大，指導者の養成を含め，障害のある幼児児童生徒のスポーツを通した社会参加や余暇の充実を図ること」を目的として，まずは指導者養成を含む研修として諸スポーツの実技研修を各校の教員に呼び掛けて行った。そして特殊教育学校における体育・スポーツを推進するためには体育連盟の設立が不可欠との認識から，秋田県特殊教育学校体育連盟設立準備委員会を同年に設置し，翌平成14年4月には正式に秋田県特殊教育学校体育連盟（現在：秋田県特別支援学校体育連盟。以下「本連盟」）が設立となった。これは当時，全国では17番目，東北・北海道地区では初めての設立であった。

　本連盟設立時の総会で重点事項に掲げられた内容を表1に示しているが，そこで重点として揚げられた内容は，諸事業を推進する上で現在も「礎」となっている。

　その年に第1回秋田県特殊教育学校総合体育大会（以下，「県特総体」）を開催した後，各学校での体育・スポーツへ取り組む姿勢が変わり，部活動へ積極的に取り組む学校が現れ始めた。以降も各校へ確実に浸透をし続け，現在の本連盟の諸事業への参加や各校主催のスポーツ大会等への積極的な参加にもつながっている。平成17年には待望の連盟旗（写真1）が小野寺清氏（当時：秋田県教育委員会教育長）より寄贈されたことで，本連盟全体がさらに活気づくことになった。

写真1　県特体連「連盟旗」

表1　本連盟設立時の重点事項と各校の取組

本連盟設立当時の重点事項	本連盟及び各校の主な取組（一例）
○特殊教育学校におけるスポーツマインドの醸成と体育・スポーツの振興を図る。	○秋田県特別支援学校総合体育大会は本連盟主催（平成14年に第1回大会を開催し，平成28年度は第15回大会の開催となる）。 ※秋田県内の特別支援学校と中学校特別支援学級の児童生徒が参加している。
○放課後や長期休業を活用し，児童生徒の心身の健全な発達に寄与する運動部活動の推進。	○各特別支援学校に運動部活動の設置。 ○各特別支援学校主催の「スポーツ杯」の開催。
○平成19年第7回全国障害者スポーツ大会を見据えた選手の育成・強化と指導者の養成を図る。	○本連盟強化チームの誕生（平成15〜16年）。男女バスケットボールチーム，サッカーチーム ※男女バスケットボールチームは平成18年度から北海道・東北地区を制覇し，現在も全国大会へ連続出場を続けている。

2　本連盟の活動

　平成28年度は，本連盟が設立して15年目を迎える。これまで各校の体育・スポーツに取り組む姿勢が年々，積極的な状況となってきたのを受け，本連盟が掲げる重点事項も実情に即応してきた。現在は次の二つを掲げている。

・特別支援学校等の幼児児童生徒の体育的活動（心身の健全な発達）及び諸スポーツ（運動技術の向上）の機会の充実を目指し，秋田県特別支援学校総合体育大会を含めた特体連諸事業の円滑な企画運営を進める。併せて，秋田県障害者スポーツ大会等，各競技への参加を積極的に推進する。

・本連盟強化チームの競技力向上と東北・全国大会への出場，また秋田県高等学校体育連盟，秋田県中学校体育連盟主催の各大会への出場を見据え，各校の運動・部活動顧問及び関係諸団体と連携を図るとともに，大会に出場する選手への支援を行う。

　以上の重点事項を踏まえて，本連盟が特に推進している事業活動を次に挙げる。

①　県特総体の企画運営

　県特総体は「児童生徒が各競技を通じて練習の成果を十分に発揮するとともに，スポーツの楽しさや心身の充実を図る。また多くの仲間との交流を通じて，積極的に障害を克服する意志をもち併せて社会参加をする意欲につなげる」ことを目的として，毎年9月に開催している。

　表2には参加選手数の推移をまとめているが，県特総体が各校の運動・スポーツへの積極的な取組の柱になっていることが，年々，参加選手数が増えている状況からも窺い知ることができる。また，小学校や中学校の特別支援学級在籍の児童生徒の出場もあり，県特総体の一層の盛り上げの一躍を担っている。

写真2　県特総体「サッカー競技」の熱戦

表2　県特総体の参加選手数の推移　　　　　　　　　　　　　　　　　　　　　　単位（人）

【水泳競技】	参加選手数	【本大会】	参加選手数	【県特総体】	参加選手数
第1回(H14)	566（29）	第1回(H14)	668（14）	第7回(H20)	884（23）
第2回(H15)	532（49）	第2回(H15)	762（17）	第8回(H21)	877（19）
第3回(H16)	641（59）	第3回(H16)	764（16）	第9回(H22)	941（24）
第4回(H17)	730（59）	第4回(H17)	820（17）	第10回(H23)	947（22）
第5回(H18)	755（73）	第5回(H18)	839（19）	第11回(H24)	1038（38）
第6回(H19)	757（42）	第6回(H19)	850（16）	第12回(H25)	1075（35）
				第13回(H26)	1143（47）
				第14回(H27)	1165（32）

※第6回大会までは，「水泳競技」と「本大会」の開催
※表中の（　）は，小中特別支援学級の選手数

　大会運営には，多くの競技審判，高校生競技補助員，ボランティアを必要とするが，第1回大会から協力いただいている各種団体をはじめ，現在は高校生の力添えもあり，スムーズな競技運営につながっている。

② 本連盟強化チームの運営

　本連盟強化チームは，「男子バスケットボール」「女子バスケットボール」「サッカー」の3チームであり，本連盟設立の翌年からチーム結成となり活動を続けてきている。チーム編成は，選手は県内各特別支援学校生徒と卒業生の混成で，チーム結成時から継続してがんばっている選手も多い。また，スタッフもほとんどが各特別支援学校の教員である。練習は原則週1回で週末を中心に行っており，全国障害者スポーツ大会への出場権を獲得すべく励んでいる。

　チーム結成当初の大きな目標は，平成19年に開催された「第7回全国障害者スポーツ大会秋田わか杉大会」への出場に向けて競技力を付けていくことであった。そのためのチームづくりから始まり，週末の強化練習会を積み重ねて，秋田わか杉大会では全国の強豪チームを相手に，男女バスケットボールとも3位入賞を，サッカーも入賞には届かなかったが大健闘を見せた。

写真3　全国障害者スポーツ大会「北海道・東北ブロック予選会」

秋田わか杉大会以降も，学校を卒業して社会人となった選手もチームを離れることなく続ける意志があり，選手・スタッフが一丸となり競技力向上を目指してきた。その努力が実り，平成23年に開催の全国障害者スポーツ大会山口大会において，男子バスケットボールチームが優勝を，女子バスケットボールチームも準優勝に輝いた。男女のバスケットボールチームは現在も，毎年，全国大会に出場して入賞を果たしており，強豪チームとして注目されている。

3 成果と展望

　これまでを振り返ってみると，本連盟の設立以前，特別支援学校では「学校の枠を越えてスポーツ活動で交流を含め競技をする経験」は少なかったと思われるが，設立に伴い，県特総体を含め「スポーツの楽しさを味わうことができる環境が整ったこと」の意義は大きい。それは各校の部活動の設置が進み活発になってきている状況や，県特総体へ懸ける意気込みが練習で見られ，参加選手数が年々増え，しかも各競技の試合が競技審判団も驚くほどの高いレベルで展開されている状況からもいえる。

　また，専門部会議でも「学校での練習にも自信をもった表情で向かっている。選手同士の団結力が見える」などと話題になり，スポーツへの積極的な取組につながっていることがわかる。

　本連盟強化チームは，特別支援学校を卒業後も継続して続ける社会人選手が主体となっているが，特別支援学校の生徒の加入も少しずつ増えてきている。チームとして競技力向上を図るとともに，「全国大会で優勝」という大きな目標を掲げ，一致団結して取り組んでいる。また，「生涯スポーツ」として捉え，生涯にわたりスポーツと慣れ親しみ継続しながら，心身の充実を図ることも掲げている。特に社会人選手の多くは一般企業に所属しており，仕事をしながら週末は強化練習に打ち込むなど，大変だとは思うが，生き生きした表情で練習に打ち込む姿を見ると，社会人としての自覚も備わり，心身ともに充実した日々を過ごしている状況が伝わってくる。

　平成28年度は本連盟設立15年目となるが，本連盟は県特総体や強化チームと共に成長を続けてきたゆえ，今後もこの二つの大きな事業を一層，発展させていく責務がある。障害のある人たちを取り巻く環境への理解や支援体制は，近年さらに充実してきている状況になっている。本連盟としても，連盟運営経費面では決して潤沢な状況にはないが，本連盟として取り組む諸事業推進の意義を常に追求し，障害をもつ子供たちが「スポーツを通して自らの障害を克服し，自信をもって社会へ巣立っていく」ための役割を担っていることを忘れずに今後も邁進していく。

〈石垣　徹〉

〔参考文献〕
・『スポーツ秋田』第138号，秋田県体育協会機関誌，2002年
・『2003新たなる挑戦　国体への道』秋田県体育協会，2006年
・『秋田県特別支援学校体育連盟設立10周年記念誌』2012年
・『秋田県体育協会90年史　歓喜と栄光を未来へ』2014年

Ⅲ

各スポーツ競技大会資料
〜障害児・者スポーツ関連競技会〜

❶ オリンピック憲章

•1• オリンピック理念（オリンピック憲章）
前　文
　近代オリンピズムの生みの親はピエール・ド・クーベルタンである。クーベルタンの主導により，パリ国際アスレチック・コングレスが1894年6月に開かれた。国際オリンピック委員会（IOC）が設立されたのは1894年6月23日である。近代の最初のオリンピック競技大会（オリンピアード競技大会）は1896年，ギリシャのアテネで開催された。1914年，パリ・コングレスはピエール・ド・クーベルタンの提案したオリンピック旗を採択した。オリンピック旗は，5つの大陸の団結とオリンピック競技大会で世界中の選手が集うことを表現する，5つの結び合う輪を持つ。第1回のオリンピック冬季競技大会は1924年，フランスのシャモニーで開催された。

•2• オリンピズムの根本原則
1. オリンピズムは肉体と意志と精神のすべての資質を高め，バランスよく結合させる生き方の哲学である。オリンピズムはスポーツを文化，教育と融合させ，生き方の創造を探求するものである。その生き方は努力する喜び，良い模範であることの教育的価値，社会的な責任，さらに普遍的で根本的な倫理規範の尊重を基盤とする。
2. オリンピズムの目的は，人間の尊厳の保持に重きを置く平和な社会を奨励することを目指し，スポーツを人類の調和の取れた発展に役立てることにある。
3. オリンピック・ムーブメントは，オリンピズムの価値に鼓舞された個人と団体による，協調の取れた組織的，普遍的，恒久的活動である。その活動を推し進めるのは最高機関のIOCである。活動は5大陸にまたがり，偉大なスポーツの祭典，オリンピック競技大会に世界中の選手を集めるとき，頂点に達する。そのシンボルは5つの結び合う輪である。
4. スポーツをすることは人権の1つである。すべての個人はいかなる種類の差別も受けることなく，オリンピック精神に基づき，スポーツをする機会を与えられなければならない。オリンピック精神においては友情，連帯，フェアプレーの精神とともに相互理解が求められる。
5. スポーツ団体はオリンピック・ムーブメントにおいて，スポーツが社会の枠組みの中で営まれることを理解し，自律の権利と義務を持つ。自律には競技規則を自由に定め管理すること，自身の組織の構成と統治について決定すること，外部からのいかなる影響も受けずに選挙を実施する権利，および良好な統治の原則を確実に適用する責任が含まれる。
6. このオリンピック憲章の定める権利および自由は人種，肌の色，性別，性的指向，言語，宗教，政治的またはその他の意見，国あるいは社会のルーツ，財産，出自やその他の身分などの理由による，いかなる種類の差別も受けることなく，確実に享受されなければならない。
7. オリンピック・ムーブメントの一員となるには，オリンピック憲章の遵守およびIOCによる承認が必要である。

＊公益財団法人日本オリンピック委員会HP
http://www.joc.or.jp/olympism/charter/pdf/olympiccharter2015.pdf

❷ パラリンピック

　パラリンピックは障害者を対象とした，もうひとつのオリンピックです。4年に一度，オリンピック競技大会の終了直後に同じ場所で開催されています。2012年の第14回パラリンピック競

技大会（イギリス・ロンドン）は20競技で行われ，史上最多となる164の国と地域から約4300人が参加しました。パラリンピックに出場するには国際パラリンピック委員会（IPC）の定める厳しい選考基準をクリアしなければなりません。回を重ねるごとに選手層が増し，大会レベルが高くなっており，アテネ大会では448の大会記録と304の世界記録が更新されています。

1 パラリンピックの歴史

パラリンピックの起源は1948年，医師ルードウィッヒ・グッドマン博士の提唱によって，ロンドン郊外のストーク・マンデビル病院内で開かれたアーチェリーの競技会です。第2次世界大戦で主に脊髄を損傷した兵士たちの，リハビリの一環として行われたこの大会は回を重ね，1952年に国際大会になりました。さらに1960年のローマ大会からはオリンピック開催国で，1988年のソウル大会からはオリンピックの直後に同じ場所で開催されるようになります。

もうひとつのオリンピック

当初はリハビリテーションのためのスポーツだったパラリンピックですが，現在はアスリートによる競技スポーツへと発展しています。出場者も「車いす使用者」から対象が広がり，もうひとつの（Parallel）＋オリンピック（Olympic）という意味で，「パラリンピック」という公式名称も定められました。

オリンピックとの協力関係

2000年にシドニーで開催された第11回パラリンピック競技大会で，国際オリンピック委員会（IOC）とIPCが「オリンピック開催国は，オリンピック終了後にパラリンピックを開催する」などの基本事項に合意し，双方の協力関係を深めました。

こうしてパラリンピックは，「もうひとつのオリンピック」として，さらなる発展を続けています。

パラリンピック夏季大会での知的障がい者が出場できる種目は，「陸上」「卓球」「水泳」の3種目。現状では冬季はありません。

＊公益財団法人東京都オリンピック・パラリンピック競技大会組織委員会公式ウェブサイト
　https://tokyo2020.jp/jp/games/about/paralympic/

2 パラリンピック開催都市（国）

パラリンピック開催都市（国）				
回	年度	都市	国	参加数
1	1960	ローマ	イタリア	23
2	1964	東京	日本	21
3	1968	テルアビブ	イスラエル	29
4	1972	ハイデルベルグ	西ドイツ	43
5	1976	トロント	カナダ	40
6	1980	アーネム	オランダ	42
7	1984	ニューヨーク	アメリカ	54
8	1988	ソウル	韓国	61
9	1992	バルセロナ	スペイン	83
10	1996	アトランタ	アメリカ	104
11	2000	シドニー	オーストラリア	122
12	2004	アテネ	ギリシャ	135
13	2008	北京	中国	146
14	2012	ロンドン	イギリス	164
15	2016	リオデジャネイロ	ブラジル	
16	2020	東京	日本	

〈夏季パラリンピック22競技〉東京（予定）		
水泳	卓球	バドミントン
ボッチャ	ゴールボール	視覚障害者5人制サッカー
車いすテニス	車椅子バスケットボール	アーチェリー
レスリング	陸上競技	カヌー
自転車競技	射撃	車いすフェンシング
シッティングバレーボール	トライアスロン	馬術
パワーリフティング	ボート	柔道
テコンドー		

＊日本パラリンピック委員会HP　http://www.jsad.or.jp/paralympic/index.html

●3● 夏季パラリンピック競技説明

① 卓球

　パラリンピックの卓球は，一般の競技規則に準じて行われますが，障害の種類や程度に応じて一部が変更されています。例えば，知的障害部門では健常者と全く同じルールが適用されて競技が行われますが，車椅子使用の選手のサービスでは，相手コートでバウンドしたボールがその後サイドラインを横切った場合にはレット（ノーカウント）となります。

　また，障害により正規のトスが困難な選手の場合は，特別に一度自分のコートにボールを落としてからサービスすることが認められることもあります。競技は個人戦と団体戦があり，選手は障害の種類や程度，運動機能によってクラス分けされ，クラスごとに競技を行います（クラス1〜5：車椅子選手，クラス6〜10：立位選手，クラス11：知的障害選手）。

　パラリンピックに出場するには，世界ランキングの上位にランクインする必要があり，日本代表選手は国際大会で実績を残し，出場権を獲得しています。

卓球クラス分け											
	車椅子					立位					知的
クラス	1	2	3	4	5	6	7	8	9	10	11
障害	重度	⇔		軽度		重度	⇔		軽度		

＊東京都オリンピック・パラリンピック準備局ウェブサイトより転載

　http://www.2020games.metro.tokyo.jp/taikaijyunbi/taikai/syumoku/games-paralympic/p_table_tennis/index.html［2016年9月2日閲覧］

＊クラス分け表　日本肢体不自由者卓球協会HPより転載

　http://www.ne.jp/asahi/para/tabletennis/

② 陸上

　陸上競技には，100メートル競走やリレーなどのように競技場の『トラック』で行われる種目，走り幅跳びや砲丸投げなどのように『フィールド』で行われる種目，マラソンのように『ロード（道路を使用）』で行われる種目があります。

　「レーサー」は3輪タイプの競技用車椅子で，カーボンやチタンを使用し，軽量化されています。車椅子を使う選手，義足を使う選手，視覚障害の選手など，さまざまな選手が参加するため，障害の種類や程度などでクラスを分けて，競技を行います。車椅子の選手は「レーサー」と呼ばれる競技用車椅子を使い，脚を切断している選手は，競技用の義足をつけて競技に参加します。視覚障害の選手はフィニッシュまで安全に走れるよう「ガイド（伴走者）」と呼ばれる人と一緒に走ります。

各種目は，選手たちの障害の種類や程度によって細かいクラス分けが行われ実施されます。そうすることで，同じような障害のある選手どうしが，公平に競うことができる環境が整えられます。
＊東京都オリンピック・パラリンピック準備局ウェブサイトより転載

　　http://www.2020games.metro.tokyo.jp/taikaijyunbi/taikai/syumoku/games-paralympic/p_athletics/index.html［2016年9月2日閲覧］

陸上競技種目

	男　子	女　子
短距離	100m，200m，400m	100m，200m，400m
中距離	800m，1500m	800m，1500m
長距離	5,000m，10,000m，3,000m障害物	5,000m，10,000m，3,000m障害物
ハードル	110mハードル，400mハードル	100mハードル，400mハードル
リレー	4×100mリレー，4×400mリレー	4×100mリレー，4×400mリレー
跳躍	走高跳，棒高跳，走幅跳，三段跳	走高跳，棒高跳，走幅跳，三段跳
投てき	砲丸投，円盤投，ハンマー投，やり投	砲丸投，円盤投，ハンマー投，やり投
混成	十種競技（100m，走幅跳，砲丸投，走高跳，400m，110mハードル，円盤投，棒高跳，やり投，1500m）	七種競技（100mハードル，走高跳，砲丸投，200m，走幅跳，やり投，800m）
ロード	マラソン，20km競歩，50km競歩	マラソン，20km競歩

選手のゼッケンの意味（例：陸上選手のゼッケン）

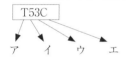

ア　競技種類

　　走競技・跳躍競技のクラスを意味する「T」，投てき競技のクラスを意味する「F」がある。

T／Track：走競技（100m〜マラソン），跳躍競技（走り幅跳び，走り高跳び，三段跳び）

F／Field：投てき競技（砲丸投げ，円盤投げ，やり投げ，こん棒投げ）

イ　障がいの種類

　　選手の主たる障がいの種類や競技形式を示す。

10番台：視覚に障がいのある立位競技者

20番台：知的に障がいのある立位競技者

30番台：痙性麻痺，筋強直，協調運動障がいなどの特徴を示す脳原性の麻痺のある立位競技者及び車椅子や投てき台を使用する競技者

40番台：低身長，脚長差，切断，関節可動域制限，筋力低下等の障がいのある立位競技者

50番台：脚長差，切断，関節可動域制限，筋力低下等の障がいのある車椅子や投てき台を使用する競技者

60番台：聴覚に障がいのある立位競技者（パラリンピックでは参加資格はない）

ウ　障がいの程度

　　障がいの程度に応じて0〜9の番号が割り当てられる。

　　基本的に番号が小さいほど障がいの程度は重くなる。

エ　クラス・ステータス／Class Status

　　N：New：過去クラス分けを受けた事がなく，競技前に受けなければならないもの

R：Review：クラスが確定しておらず，再度クラス分けを受ける必要のあるもの
C：Confirmed：クラスが確定したもの

＊一般財団法人日本パラ陸上競技連盟 HP　http://www.jaafd.org/

③　水泳

水泳は，障害の種類や程度によってクラス分けされ，クラスごとに競技を行います。

パラリンピックの水泳は競泳のみで，オリンピックと同じように「自由形」「平泳ぎ」「背泳ぎ」「バタフライ」「個人メドレー（バタフライ，背泳ぎ，平泳ぎ，自由形の順で泳ぐ競技）」「メドレーリレー」「フリーリレー」の7種目で競います。視覚障害の選手の場合，ターンやゴールタッチのときに，壁にぶつかってしまう危険があるので，コーチがタッピングバーという棒を使って選手に触れ，壁が近いことを知らせます。飛び込んでスタートすることが困難な選手には，水中からのスタートが認められています。

パラリンピックに出場するためには，国際パラリンピック委員会水泳部門（IPC-SW）の定める「標準記録」を突破することが最低条件となり，トップクラスの選手が競い合うパラリンピックでは，オリンピックと同じくらいの記録がたたき出される場合もあります。

知的障害者の場合，スタート以外は基本的にはFINAの規則と同じです。

競技種目

	競技種目
知的障がい	50 m，100 m，200 m自由形，100 m背泳ぎ，100 mバタフライ，100 m平泳ぎ，200 m個人メドレー
視覚障がい	50 m，100 m，400 m自由形，100 m背泳ぎ，100 mバタフライ，100 m平泳ぎ，200 m個人メドレー
肢体不自由	50 m，100 m，200 m，400 m自由形，50 m，100 m背泳ぎ，50m，100 mバタフライ，50m，100 m平泳ぎ，150 m，200 m個人メドレー

クラス分けマニュアルの適用およびクラスの構成

Sは自由形・背泳ぎ・バタフライ，SBは平泳ぎ，SMは個人メドレーのクラス

クラス表記	障害の概要
1～10	肢体不自由のクラス。ＳＢでは1～9まで。数字が小さいほうが障害は重度。
11～13	視覚障害のクラス。数字が小さいほうが障害は重度。
14	知的障害
15	聴覚障害
21	肢体不自由，視覚障害で，Ｓ1～13（ＳＢ1～13，ＳＭ1～13）に該当しない場合。該当しない場合とは，障害が軽度である，医学的情報が提示されない，テストが完了しない，医学的情報が不明確である，IPCクラス分けの適格障害に該当しない等の場合である。このクラスは日本独自のクラスである。
クラスなし＊	日本選手権大会等のクラス分け評価にてベンチテストとウォーターテストあるいはテストと競技観察に大きな差異がみられるなど，整合性が得られない場合やパフォーマンスが一定しない場合。それ以後日本選手権大会等上位大会には出場できなくなる。

＊一般社団法人日本身体障がい者水泳連盟 HP　http://paraswim.jp/
＊一般社団法人日本知的障害者水泳連盟 HP　http://jsfpid.com/

❸ スペシャルオリンピックス

　スペシャルオリンピックスは，知的障害のある人たちに継続的なスポーツトレーニングとその発表の場である競技会の提供を使命とし，活動を通して彼らの自立と社会参加を促進し，生活の質を豊かにすることを目的とする活動です。オリンピック，パラリンピック同様，4年に一度夏季，冬季の世界大会が開催されます。日本でも世界大会への予選会を兼ねて全国大会を行っています。

　創設者である故ユニス・ケネディ・シュライバーは，スポーツを通じて，知的障害のある人々がその能力や尊厳を示し，彼らが一人の市民として社会に参加し，幸福な生活が送れることを願い1968年米国で始めました。そして，障害の有無に関わらず，多様性を尊重する社会を目指すというメッセージをアスリートと共に発信し続けています。創設から半世紀弱となる現在，世界170カ国以上で，440万人のアスリートと100万人のボランティアが参加する国際的なムーブメントに発展しております。

　日本では1994年に活動を開始し，約8,000人の知的障害のあるアスリートが全国47の都道府県のスペシャルオリンピックス地区組織に所属し，活動に参加しています。そして，知的障害のある人たちを競技指導するボランティアコーチ，共に練習に励み競技するパートナー，活動を支えるボランティアや家族，そして多くの企業，団体，個人の方々のご支援，ご寄付で活動しています。

1 スペシャルオリンピックスのスポーツの4つの特徴

① 継続的なトレーニングと成果の発表の場である競技会を提供

　スペシャルオリンピックスでは，地域や，スポーツの特性にもよりますが，多くの場合，1週間に1度，2時間ほど，ボランティアのコーチと共にスポーツを楽しみ，一定の期間（約2ヶ月）のトレーニングの後，その成果を競技会，大会で発表します。

② ひとりひとりに合わせたプログラムを実施します

　例えば水泳の場合，まずは，着替えです。次はシャワーを浴びること，そしてプールに入れるようになること，水の中を歩けるようになること，ビート板を使って泳ぐことなど，少しずつ，ひとりひとりに合わせてプログラムを進めていきます。ボランティアのコーチたちと一緒に水遊びができるようになることも大きな進歩です。

③ 能力を充分に発揮できるようディビジョニングを行います

　スペシャルオリンピックスの競技会では，可能な限り同程度の競技能力のアスリートが競技できるように，性別，年齢，競技能力などによってグループ分け（ディビジョン）を行います。このディビジョニングによって，誰もが平等に競い合うチャンスが与えられ，自分の現在の能力を十分に発揮し，一番輝く機会を得られると考えています。

④ 頑張った全てのアスリートを称え全員を表彰します

　表彰台の上では，全てのアスリートに，メダルやリボンがかけられます。順位だけでなく，競技場に立ち最後まで競技をやり終えた事に対して，一人一人にかわらぬ拍手が贈られます。

2 活動内容

① ユニファイドスポーツ（Unified Sports）

　ユニファイドスポーツ（Unified Sports）とは，知的障害のある人とない人でチームを作り，練習や試合を行い，スポーツを通じてお互いに相手の個性を理解し合い支え合う関係を築いていく取組です。

　スペシャルオリンピックス国際本部が推進しているプログラムの1つで，世界中で展開されており，世界大会公式種目としても実施されています。

障害の有無を越え，スポーツを通じて喜びや悔しさ，達成感など様々な経験を共有することにより，お互いの理解を深め，友情を育むことを目指しており，社会的インクルージョンの実現を促進することを目標としています。
　ユニファイドスポーツでは，同年齢で競技レベルも同程度の人が集まることによって，より楽しく，より真剣にスポーツにチャレンジする環境を作り出します。

② コーチ・ボランティアの育成
　スペシャルオリンピックス日本では日常プログラムをサポートするコーチを対象として，コーチクリニックや認定コーチ研修会を行い，人材育成に取り組んでいます。

コーチクリニック
　コーチ／ボランティアとして，スペシャルオリンピックスのスポーツトレーニングプログラム（日常プログラム）に参加する際に受講していただく研修会です。
　研修内容は3部構成となっており，
・ゼネラルオリエンテーション（スペシャルオリンピックスの概要）
・アスリート理解（アスリートと共に）
・当該競技の講義と実技，を行います。
　全47地区組織の開催要請を受け，スペシャルオリンピックス日本から講師派遣を行います。
　コーチクリニックを受講し，その競技のスポーツトレーニングプログラム（日常プログラム）に10時間（5回）以上コーチとして参加した方が，その競技の認定コーチの資格を得ることができます。
　　※コーチクリニックをまだ受講していない方も日常プログラムに参加できますが，その開始前に，スペシャルオリンピックスについての説明の機会を設けています。

認定コーチ研修会
　認定コーチ研修会とは，各地区で認定コーチとしての資格を有し，すでに日常プログラムでご活躍いただいている方たちを対象に，コーチとしてレベルアップしていただくことを目的とした研修会です。研修内容は，日常プログラムを行う際，また競技会・大会の開催の際のルールの説明・確認，モデルケースの紹介等，より実践的な内容を提供しています。認定コーチ研修会は，全地区組織を6つのブロックに分け，各ブロック単位で実施しております。

③ 大会・競技会の開催
継続的なスポーツトレーニングの発表の場
　大会・競技会は，日常のスポーツトレーニングとは全く違う環境で，アスリートが不安や緊張と戦いながら自分のできるようになったことのすべてを発揮するチャレンジの場です。また，アスリートだけでなく，コーチ，ファミリー，ボランティアをはじめ，活動に関わる全ての人にとってもチャレンジの場であるとともに，アスリートや自分自身の変化に気づく大切な場です。

世界大会・海外招待大会への日本選手団派遣
スポーツを通して，社会へ，世界へ。
　スペシャルオリンピックス日本では，4年に1度開催される夏季・冬季のスペシャルオリンピックス世界大会の他，所属するアジアパシフィック地域内の国々が主催する競技会・招待大会等に日本選手団を派遣しています。
　海外で開催される大会・競技会は，親元を離れ，他地区のコーチ，アスリートと選手団として活動します。選手団の活動を通して，競技性の向上だけでなく，より多くの人との出会い，生活面での自立などアスリートの社会性を広げ，新たな目標や次へのステップにつながる機会となっています。

III 各スポーツ競技大会資料 ～障害児・者スポーツ関連競技会～

今まで行われたスペシャルオリンピックス日本選手が参加した世界大会一覧

年度	都市	参加国	日本選手団
1995年第9回夏季	アメリカ／コネチカット州	143	30
1997年第6回冬季	カナダ／トロント	70	17
1999年第10回夏季	アメリカ／ノースカロライナ州	150	45
2001年第7回冬季	アメリカ／アラスカ州	70	16
2003年第11回夏季	アイルランド／ダブリン	160	77
2005年第8回冬季	日本／長野県	84	150
2007年第12回夏季	中国／上海	164	120
2009年第9回冬季	アメリカ／アイダホ州	95	87
2011年第13回夏季	ギリシャ／アテネ	170	75
2013年第10回冬季	韓国／江原道・平昌	111	84
2015年第14回夏季	アメリカ／ロサンゼルス	164	118

ナショナルゲーム（全国大会）の開催

スペシャルオリンピックス日本では，地域での日常的なスポーツトレーニングの成果を発表する場として，4年に1度，夏季・冬季のナショナルゲーム（全国大会）を開催しています。
これまでに開催したナショナルゲーム（全国大会）

1995年3月	第1回夏季ナショナルゲーム熊本		
1996年2月	第1回冬季ナショナルゲーム宮城	1996年6月	第1回冬季ナショナルゲーム福岡
1998年8月	第2回夏季ナショナルゲーム神奈川	2000年2月	第2回冬季ナショナルゲーム長野
2002年8月	第3回夏季ナショナルゲーム・東京	2004年2月	第3回冬季ナショナルゲーム・長野
2006年11月	第4回夏季ナショナルゲーム・熊本	2008年3月	第4回冬季ナショナルゲーム・山形
2010年11月	第5回夏季ナショナルゲーム・大阪	2012年2月	第5回冬季ナショナルゲーム・福島
2014年11月	第6回夏季ナショナルゲーム・福岡	2016年2月	第6回冬季ナショナルゲーム・新潟

④ プログラム（実施競技）の種類

スペシャルオリンピックス日本では夏季競技17競技（日本でのみ実施しているフライングディスク含む），冬季競技7競技の全24競技を実施しています。実施競技は地区によって違います。また，障害の程度や競技能力にかかわらず，より多くの人が，トレーニングや競技に参加できるように個人技能競技等の種目が設けられています。

夏季競技
水泳競技，陸上競技，バドミントン，バスケットボール，ボッチャ，ボウリング，自転車，馬術，サッカー，ゴルフ，体操競技，柔道，ソフトボール，卓球，テニス，バレーボール，フライングディスク（国内のみ実施）
冬季競技
アルペンスキー，クロスカントリースキー，スノーボード，スノーシューイング，ショートトラックスピードスケート，フィギュアスケート，フロアホッケー

＊公益財団法人スペシャルオリンピックス日本HP　http://www.son.or.jp/

❹ 全国障害者スポーツ大会

　障害のある選手が，競技等を通じ，スポーツの楽しさを体験するとともに，国民の障害に対する理解を深め，障害者の社会参加の推進に寄与することを目的とした障害者スポーツの全国的な祭典である。大会は3日間の会期で開催され，全国から都道府県・指定都市の選手団約5,500人が参加し，個人競技6競技，団体競技7競技及びオープン競技4競技が実施されます。

1　大会のあゆみ

　全国障害者スポーツ大会は，平成12年まで別々に開催されていた「全国身体障害者スポーツ大会」と「全国知的障害者スポーツ大会」を統合して，平成13年に第1回大会が宮城県で開催されました。以降，オリンピック終了後に開催されるパラリンピックのように，毎年，国民体育大会終了後に開催されています。平成28年岩手県で開催される大会は第16回大会となります。

2　主催者

　文部科学省，公益財団法人日本障がい者スポーツ協会，開催地都道府県・指定都市，開催地市町及び関係団体

3　希望郷いわて大会実施競技

① 個人競技（6競技）

陸上競技（身体・知的），水泳（身体・知的），アーチェリー（身体），
卓球（身体・知的）＊サウンドテーブルテニス（身体）を含む
フライングディスク（身体・知的），ボウリング（知的）

ア　出場申し込みについて，第16回全国障害者スポーツ大会実施要綱「16 出場制限」の規定にかかわらず，アーチェリーにあっては，リカーブ部門又はコンパウンド部門のいずれか1種目，フライングディスクにあっては，アキュラシーのうち1種目とディスタンスの2種目，卓球及びボウリングにあっては，1種目に限るものとする。

イ　競技は，原則として男女別に実施する。ただし，陸上競技の4×100mリレー，水泳の200mリレー及び200mメドレーリレー並びにフライングディスクのアキュラシーの各種目を除く。

ウ　陸上の4×100mリレー，水泳の200mリレー及び200mメドレーリレーに出場する場合は，都道府県・指定都市別にそれぞれ1チームを編成するものとし，そのチーム編成では，年齢区分を設けないとともに，男女混合とする。

エ　競技の組は8名以内とし，予選を行わず1回の決勝競技とする。ただし，卓球は1組4名以内とし，リーグ戦方式とする。

オ　出場選手が少ない競技・種目は，異なる障害区分の選手又は他の年齢区分の選手が同時に競技を行うことができる。

② 団体競技（7競技）

バスケットボール（知的），車椅子バスケットボール（身体），ソフトボール（知的），グランドソフトボール（身体），キックベースボール（知的），サッカー（知的），バレーボール（身体・知的・精神）

ア　バスケットボール及びバレーボール（聴覚障害者・知的障害者）は男女別，バレーボール（精神障害者）は男女混合とし，他の競技は男女混合を可とする。

イ　試合は，都道府県・指定都市チーム対抗のトーナメント方式とし，3位決定戦を実施する。

ウ　競技日程に支障がない範囲で，交流試合を実施する。

③ オープン競技（4競技）

ビリヤード（身体・知的・精神），卓球バレー（身体・知的・精神），ゲートボール（身体・知的・精神），ペタンク（身体・知的・精神）

④ 分かり難い競技種目の説明

ア　卓球バレー（オープン競技）

【競技紹介】全員が椅子に座り（車椅子の方はそのまま車椅子を使用），ネットの下を転がしてプレーするので，重い障がいを持つ方から子ども，お年寄りまで一緒に楽しめるユニバーサルスポーツとして県内でも普及し始めています。

【競技説明】1チーム6名で卓球台を囲むように座り，合計12名で試合をします。長方形の木製ラケットに，サウンドテーブルテニス用（中に鉛玉が入り音がします）のピン球を使用し，ネットの下を転がし，3打以内で相手コートに返す競技です。

イ　ペタンク

【競技紹介】障がい者2人と健常者（世話人を兼ねる）1人の3人が1チームです。この他に補欠1人を加えることができます。ルールは，一般のペタンク競技を基本とし，用具も同じものを使います。

【競技説明】目的球（ビュット）にどちらのチームのボールがより近づけられるかを競います。ビュットに近いボールでないチームが，相手のボールより近くなるまでボールを投げます。

　一人の持ちボールは2個で，投げる順番は決まっていなく，一人が続けて投げても，交代して投げてもかまいません。相手のボールよりビュットに近くなるまで投げます。そのとき，相手ボールをはじき飛ばしても構いません。

　相手チームのボールよりもビュットに近くなると，今度は反対のチームがビュットに近くなるまでボールを投げます。

　ボールの投げ方も転がす・落として転がす・ぶつけて飛ばす等々，多くの投げ方があり，最後まで勝つチャンスのある楽しい競技です。

⑤ 選手の番号布

ア　個人競技に出場する選手は，競技用の服装に必ず番号布を付けるものとする。ただし，水泳に出場する選手は，IDカード（所属選手団，氏名，出場種目を記載したもの）をもって番号布に代える。

イ　番号布（IDカードを含む）は開催地主催者が準備し，派遣者へ送付する。

ウ　番号布の布地の色は，障害別に次のとおり色分けし，数字は黒色とする。

　なお，障害が重複している場合には，出場する障害部門の色の番号布を使用し，布の下端5cmに他の障害部門の色を表示する。

・肢体不自由者：白　・視覚障害者：薄緑　・聴覚障害者：黄　・知的障害者：桃
・内部障害者：水色　・精神障害者：薄茶

＊第16回全国障害者スポーツ大会2016希望郷いわて大会HP
http://www.iwate2016.jp/taikai

〈担当：真下　智〉

執筆者一覧

【監修者】
　丹野　哲也　　文部科学省特別支援教育調査官

【編　者】
　全国特別支援学校知的障害教育校長会
　　　担当：村野　一臣　　東京都立町田の丘学園校長
　　　　　　真下　　智　　東京都立板橋特別支援学校校長
　　　　　　坂口　昇平　　東京都立羽村特別支援学校校長
　　　　　　田邊陽一郎　　東京都立水元特別支援学校校長
　　　　　　早川　智博　　東京都立江東特別支援学校校長

【執筆者】（執筆順。所属は平成28年6月現在）

　　村野　一臣　　前掲
　　丹野　哲也　　前掲
　　山下　香織　　熊本県立荒尾支援学校教諭
　　戸田　　剛　　静岡県立浜名特別支援学校教諭
　　齊藤　昌晴　　茨城大学教育学部附属特別支援学校教諭
　　川島　民子　　滋賀大学教育学部附属特別支援学校教諭
　　内倉　広大　　筑波大学附属大塚特別支援学校教諭
　　杉浦　　稔　　愛知県立三好特別支援学校教諭
　　高橋　省子　　秋田大学教育文化学部附属特別支援学校教諭
　　遠藤　　彰　　宮城県立光明支援学校教諭
　　山﨑久美子　　静岡県立御殿場特別支援学校教諭
　　益田　剛志　　岡山県立誕生寺支援学校教諭
　　六角　健太　　青森県立青森第一高等養護学校教諭（前　青森県立弘前第一養護学校教諭）
　　山田　賢一　　北海道釧路鶴野支援学校教諭
　　猪狩　由佳　　北海道白樺高等養護学校教諭
　　赤坂　卓哉　　広島県立呉特別支援学校江能分級教諭（前　広島県立広島北特別支援学校教諭）
　　尾高　邦生　　東京学芸大学附属特別支援学校教諭
　　原田　洋希　　愛知県立半田特別支援学校教諭
　　石ヶ坪和義　　広島県立黒瀬特別支援学校教諭
　　濱﨑　峻介　　熊本県立ひのくに高等支援学校教諭
　　長坂　利幸　　愛知県立みあい特別支援学校教諭

工藤　由里	長野県小諸養護学校うすだ分教室教諭
荒谷　隆史	青森県立黒石養護学校教諭
成松　智也	北海道新篠津高等養護学校教諭
河合　正治	愛知県豊橋市立くすのき特別支援学校教諭
山口　篤史	東京都立南大沢学園教諭
濱　裕晃	北海道小樽高等支援学校教諭
櫻井真菜美	東京都立板橋特別支援学校教諭
猪狩　貴人	東京都立石神井特別支援学校主任教諭（前　東京都立板橋特別支援学校教諭）
政岡　美穂	東京都立板橋特別支援学校教諭
中嶋安沙実	東京都立板橋特別支援学校教諭
本吉　翔一	東京都立板橋特別支援学校教諭
石川　敦士	東京都立練馬特別支援学校指導教諭
井上　真登	東京都立練馬特別支援学校主任教諭
乙女　陽平	埼玉県立浦和特別支援学校教諭
一柳　純子	大阪府立富田林支援学校教諭
臼木　洋智	宮崎県立延岡しろやま支援学校高千穂校教諭
川村　仁美	栃木県立南那須特別支援学校教諭
藤原　拓也	兵庫県立出石特別支援学校教諭
松崎　和繁	兵庫県立阪神昆陽特別支援学校主幹教諭
金谷しほり	北海道新篠津高等養護学校教諭
端　康宏	愛知県立半田特別支援学校桃花校舎教諭
久保田　健	新潟県南魚沼市立総合支援学校教諭
田中　一行	兵庫県立神戸特別支援学校教諭
三好　宗治	岐阜県立東濃特別支援学校教諭
加藤　毅	愛知県立豊田高等特別支援学校教諭
大澤　慶之	埼玉県立特別支援学校さいたま桜高等学園教諭
中畑　牧子	青森県立盲学校主任寄宿舎指導員 （前　青森県立青森第二高等養護学校主任寄宿舎指導員）
石垣　徹	秋田県立栗田支援学校教諭（秋田県特別支援学校体育連盟事務局）
真下　智	前掲

知的障害児・者のスポーツ

2016（平成28）年10月3日　初版第1刷発行
2017（平成29）年2月7日　初版第3刷発行

監修者：丹野　哲也
編　者：全国特別支援学校知的障害教育校長会
発行者：錦織　圭之介
発行所：株式会社東洋館出版社
　　　　〒113-0021　東京都文京区本駒込5丁目16番7号
　　　　営業部　電話03-3823-9206　FAX03-3823-9208
　　　　編集部　電話03-3823-9207　FAX03-3823-9209
　　　　振　替　00180-7-96823
　　　　ＵＲＬ　http://www.toyokan.co.jp

印刷・製本：藤原印刷株式会社
装丁・本文デザイン：竹内　宏和（藤原印刷株式会社）

ISBN978-4-491-03269-6
Printed in Japan